Ese Gusto Por La Vida

Degustando el momento bocado a bocado

MYRNA RAQUEL CLEGHORN

Aviso a Bibliotecarios: La catalogación bibliográfica de este libro se encuentra en la
base de datos de la Biblioteca y Archivos del Canadá. Estos datos se pueden obtener
a través de la siguiente página web: www.collectionscanada.ca/amicus/index-e.html

Impreso en Victoria, BC, Canadá.

ISBN: 9781-4251-9144-3 (soft cover)
ISBN: 9781-4251-9146-7 (eBook)

*Nuestra misión es ofrecer eficientemente el mejor y más exhaustivo servicio de
publicación de libros en el mundo, facilitando el éxito de cada autor. Para
conocer más acerca de cómo publicar su libro a su manera y hacerlo disponible
alrededor del mundo, visítenos en la dirección www.trafford.com*

Trafford rev. 09/18/09

 www.trafford.com

Para Norteamérica y el mundo entero
llamadas sin cargo: 1 888 232 4444 (USA & Canadá)
teléfono: 250 383 6864 ♦ fax: 812 355 4082

"Cambia tu forma de pensar
  y   cambiarás tu mundo."

-Norman   Vincent Peale

Agradecimientos

Gracias de corazón
a mis amigos, que me han apoyado con su cariño y lealtad,
convirtiéndose en lectores y promotores de mi trabajo; a mi
familia, cuya existencia ha enriquecido tanto la mía; a mi
editora, Myrna Mae Carn, progenitora de mis días e impulsora
de mis sueños; a Larry, mi gran amor, por creer en mí; a
Alejandra, mi consultora extra-oficial del argot mexicano; a
Lily García, amiga y mentora, por señalarme el camino; y a mis
Maestros
—ustedes saben quienes son.

Dedicatoria

Con todo mi amor:

A mi Madre, de quien aprendí a disfrutar la vida, bocado a bocado

A mi Esposo, por su paciencia y amor infinitos

A mi Ángel Guardián, que nunca me ha dejado desamparada

A Dios, por la Vida

Y al Universo, por su Inspiración Divina

Índice

Introducción

En mi primer viaje a la República Mexicana, hace poco más de veinte años atrás, quedé cautivada con el despliegue culinario del desayuno *buffet* en el hotel donde me estaba hospedando.

Hasta entonces, la única comida mexicana que conocía eran los tacos. Pero en aquel *buffet,* que parecía un paisaje campestre, descubrí y saboreé manjares como Cochinita Pibil, Chilaquiles, Tamales al estilo de Oaxaca y Tamales yucatecos, Mole rojo y Mole verde, Frijoles refritos, Sopes, Empanadas, Cuitlacoches y Tortillas de maíz blanco, amarillo y morado, con salsas picantes que variaban en color e intensidad.

No me da vergüenza admitir que probé de todo hasta saciarme y que más adelante acepté invitaciones de mis colegas a degustar aun más platillos regionales en otras ciudades de la República.

En el Mercado de Oaxaca comí Tasajo, tragué sin mucho masticar los Chapulines (saltamontes curados en limón y chile) y perfumé mi paladar con Helado de Rosas. En el Puerto de Veracruz, donde probé Esquites (maíz con crema, queso rayado y chile de árbol), quedé desencantada con el Vuelve a la Vida, un cóctel de mariscos en una salsa hecha a base de *ketchup;* en Mitla me embriagué con Mezcal y en Puebla sentí el efecto de las sabrosas Cemitas unas pocas horas después de haberme chupado los dedos del gusto.

La vida es como un *buffet* mexicano. Hay sabores dulces y amargos, bocados que queman el paladar y otros que lo acarician, aromas inolvidables y otros que no quisieras recordar, platillos que elevan el espíritu y otros que lo doblegan, pero todos son dignos de probarse sin prejuicios, ni expectativas.

Así como he degustado los platillos de cada región que he visitado en la República Mexicana, he degustado cada experiencia que me ofrece la vida. Y así como he alimentado mi espíritu con la quietud de la luna, la sabiduría del crepúsculo, los escalofríos de un lago y la paz del amanecer, también lo he intoxicado con pasiones errantes, decisiones incongruentes y excesos descabellados.

En estas páginas comparto contigo mis experiencias y las enseñanzas que he recibido a través de ellas con la esperanza y la intención de que tú también descubras ese gusto por la vida y disfrutes de cada momento como disfrutas de un bocado de tu comida favorita.

Hay cincuenta y dos lecturas, una para cada semana del año. No es necesario leerlas en un orden determinado. Usa tu intuición. Confía en la sabiduría de esa voz interna que a menudo ignoramos. Saborea cada palabra y cada pensamiento y no te prives de alterar la receta para hacerla más tuya.

En la vida, como en la mesa, cuando enfocamos nuestra atención en disfrutar el momento, nuestro espíritu resplandece, nuestro cuerpo se rejuvenece y nuestro corazón titila. Simplemente irradias luz. Y cuando irradias luz atraes más luz hacia ti, tu entorno toma otra perspectiva y la conexión que compartes con el resto del Universo se fortalece.

Más que una necesidad, comer es un placer. La vida no tiene que ser menos placentera.

Bon Appétit

¡Buenos Días!

"Buenos días"... silencio. "Buenos días"... silencio. "¡Buenos días!"... una mirada, pero ni una palabra. "Buenos días"... cara de ¿será conmigo? "Buenos días"... silencio. "Buenos días"... media sonrisa... por lo menos. "Buenos días"... otra mirada, pero una de esas miradas que le hace sentir a uno impertinente. "Buenos días"... "¡Buenos días!," me contesta una señora sonriendo de oreja a oreja.

Casi diez intentos, un logro.

No, no se trata de un experimento. Soy yo, dando los buenos días según abordo un avión, y los demás pasajeros, ignorándome según se acomodan en sus asientos.

Viajar, ya sea en avión, en autobús o en coche, es algo estresante. Son muchos los detalles: *¿empaqué todo lo que voy a necesitar, se me habrá quedado algo, tengo los boletos, la llave, mi identificación, dejé todo cerrado, apagué la estufa?*... En fin, un sinnúmero de detalles que nos nublan la mente al punto de que las imágenes de los demás viajeros se convierten en una distante pincelada en el horizonte.

Muchos viajamos así por la vida. Envueltos en la niebla de nuestros problemas personales, como si fuéramos los únicos que vamos tarde para el trabajo y el tráfico no avanza o tenemos un "deadline" para entregar un proyecto y ni idea de cómo empezarlo, o un hijo enfermo, una madre que requiere nuestros cuidados, dinero para pagar las cuentas o un dolor de muela que no nos dejó dormir anoche. En la densidad de nuestro drama personal perdemos de vista el rostro de nuestros compañeros de viaje.

Si yo no hubiera estado prestando atención al abordar el avión ese día, no me hubiera percatado de los ojos azules de la señora que me devolvió el saludo y no hubiera visto en ellos la misma dulzura que veía de niña en los ojos de mi abuela. Me hubiera privado de disfrutar del recuerdo de un ser al que tanto quiero y extraño y la hubiera privado a ella de un momento tan solemne y cargado de amor.

En el viaje de la vida no es tan importante llegar como reconocer que no estamos solos, que nuestros problemas no son únicos y que todos tienen solución. Un simple "buenos días" tiene la capacidad de conectarnos con los demás y desconectarnos de nuestro drama individual. Y la mayoría de las veces, cuando volvemos a pensar en nuestro problema, éste resulta no ser tan grave como lo habíamos percibido originalmente.

Te pregunto: ¿Cuán alerta estás de tu viaje? ¿Estás disfrutando del paisaje o el paisaje se te está pasando como los comerciales en medio de tu programa favorito? ¿Has mirado la cara de quien va viajando contigo, ya sea en el avión, el tren, o el carro que está al lado tuyo avanzando lentamente en la hora de tráfico?

Es tu vida. Vívela a plenitud deseando a todos los buenos días. Acuérdate que uno recibe en la medida en que uno da.

Quien sabe, quizás la persona que viaja a tu lado tiene la clave para resolver el problema que te tiene tan agobiado, la idea perfecta para el proyecto del trabajo o la cura más reciente para el dolor de muelas.

Y aunque no sea así, te sentirás mucho mejor al haber tomado un segundo de tu vida para desearle un buen día a otro ser, aun cuando éste no te responda.

¡Buenos días!

Dime como Hablas y te Diré quien Eres

Uno de los mejores consejos que me dio mi mamá cuando era niña fue "si no tienes nada bueno que decir, mejor quédate callada." Pero uno no siempre sigue los consejos de los padres y como es natural, más de una vez abrí la boca y dije lo que pensaba sin tomar en consideración los efectos de mis palabras. A pesar del amor que tengo por las palabras, mis palabras no siempre han estado cargadas de amor, sobretodo en esos momentos en los que me sentí agredida por las palabras de otros. Uno tiende a contestar un insulto con otro insulto creando un círculo vicioso. Son pocos los que tienen la sabiduría de cambiar la energía del momento "poniendo la otra mejilla," –callando y enviando energía positiva a aquel o aquella que percibimos como agresor. Por lo general nos guiamos por esa necesidad innata de expresar y defender nuestro punto de vista, nuestro sentido de honor o nuestra dignidad.

Si hay algo que uno no puede retractar una vez lanzadas al viento, son las palabras hirientes que emitimos en un momento de ira o frustración o los comentarios maliciosos, con o sin fundamento, que hacemos sobre otra persona o situación.

Muchas veces, yo diría que la mayoría, son comentarios que uno hace sin pensar. Pero si te dijera que las palabras que escoges para expresarte crean un cuadro detallado de quien eres, ¿pensarías más antes de hablar?

Por ejemplo, trazas pinceladas de envidia o celos sobre tu auto-retrato cuando criticas las debilidades y defectos de otra persona.

Cuando juzgas a alguien, estas coloreando con tonos de prejuicio. Y cuando participas activamente en el chisme, estás pintando el cuadro de un chismoso. Y dime, ¿cuándo fue la última vez que confiaste en un chismoso?

En otras palabras, cada cosa que dices sobre otra persona o situación revela una virtud o un defecto de tu carácter. Optando por guardar silencio en situaciones en las que no encuentras nada positivo que decir, engrandeces tu espíritu y das un paso más hacia la paz contigo mismo, con tu entorno y con los demás.

Comienza cada día haciendo un esfuerzo por expresarte positivamente y si no tienes nada bueno que decir, atesora el silencio.

Recuerda que tus palabras son el pincel con el que le das color al lienzo de tu vida —está en tus manos crear una obra maestra.

¿Cómo Quieres que te Recuerden?

A casi nadie le gusta hablar de la muerte, aunque ésta sea la única garantía que tenemos en la vida. De hecho, cuando decidí escribir esta columna busqué en el diccionario otra palabra para muerte con la esperanza de encontrar una que no sonara tan directa. Pero no existe. La muerte se llama muerte y a todos nos asusta, nos estremece, nos intimida y nos calla.

Ha de ser por eso que cuando mi hermano Junior (su verdadero nombre era Juan Raúl) murió a los dieciocho años de edad, yo no me enteré hasta después del hecho. Yo tenía siete años. Cuando mi abuela llegó a casa a cuidarnos y mis padres se ausentaron por unos días, yo ya sabía que mi hermano había tenido un accidente en la motocicleta, que su madre, sin querer, lo había presenciado (Junior era hijo del primer matrimonio de mi padre), que mi padre, según mi madre, se iba a volver loco —retazos de información que recogí en medio de la conmoción que me hizo invisible en una casa llena de adultos que parecían haber perdido el raciocinio. Cuando mis padres regresaron a casa, mi hermano había muerto y ya lo habían enterrado. Años después me enteré que había muerto el mismo día del accidente, en el impacto.

La muerte de mi hermano fue mi primera gran pérdida; fue también la única vez que mi padre lloró sobre mis hombros. Su muerte quedó condenada al silencio. Aun hoy día, cuando pronuncio su nombre, tiendo a susurrarlo, para no sacudir el dolor de nadie con su recuerdo.

No sé si sea el libro que he estado leyendo o si es que se acerca su cuarenta aniversario de muerto (mi hermano nació en octubre; creo que murió en febrero). Pero siento la urgencia de recordarlo y con ello la frustración de no haberlo conocido mejor. Quizás es que a mi hermano le urge que lo recuerden.

El recuerdo que tengo de mi hermano se reduce a un momento: yo, acostada en un corral (¿era yo en el corral o era mi hermana y yo estaba acostada en el suelo?) él, alto como el cielo, sujetando mis pies con una mano y con la otra haciéndome cosquillas mientras yo me descomponía a carcajadas.

El rostro que recuerdo pertenece a la foto del anuario de la clase graduanda de la Escuela Superior Central en San Juan, Puerto Rico —un rostro preservado en la eternidad, sobre una página totalmente dedicada a su ausencia, junto a un poema escrito por Juan Ramón Jiménez, bajo el título *In Memoriam*.

En estos días un amigo muy querido compartió conmigo su consternación al enterarse del suicidio de un amigo suyo. ¿Qué es lo que hace que unos le temamos a la muerte y otros la cortejemos y la persigamos?

Mientras mi amigo se pregunta que más pudiera haber hecho —si algo- para evitar la muerte de su amigo y yo cuestiono porque a mi hermano le tocó morir tan joven, en nuestros corazones, el recuerdo de esos seres tan queridos, sigue latiendo.

Estoy segura que mi hermano aprueba el que comparta el único recuerdo que guardo de su corta estancia aquí en la tierra. Así como el amigo de mi amigo ha de querer que lo recuerden por como vivió su vida y no como acabó la misma.

Y tú, ¿cómo quieres que te recuerden?

Cuándo piensen en ti, ¿recordarán una persona triste o malhumorada, un ser egoísta que piensa que el sol sale y se pone sobre su persona, alguien que ve la vida de una sola forma, que juzga, condena y no perdona? ¿O pensarán en ti como alguien que se toma la vida en serio, pero que se atreve a reírse de sí mismo, una persona que comparte lo que tiene aunque le quede muy poco, un ser que siente empatía y trata de caminar en los zapatos de otro, alguien que ama la vida y reconoce lo bueno en los demás, un ser que perdona los olvidos de otros y se acuerda de todos en su momento...alguien que extiende la mano, aunque sea para hacer cosquillas?

Recuerda, por efímera que sea, cada vida deja una huella –déjale saber a todos, con tus actos, como quieres que te recuerden.

Del Logotipo a La Vida

Hace un tiempo atrás vi un reportaje de televisión en el que entrevistaron a un profesor de una de las universidades de la Liga Ivy en los Estados Unidos. La verdad es que no recuerdo los detalles del reportaje, pero sí recuerdo algo que dijo el profesor, más bien una pregunta que hizo: ¿Has notado la flecha en el logotipo de *FedEx*? (para aquellos que no lo conocen, *FedEx* o *Federal Express* es un servicio global de paquetería). Al mirar el logotipo de *FedEx*, la mayoría de nosotros vemos solamente las cinco letras que lo conforman. Quizás porque eso es lo que estamos predispuestos a ver.

El punto que quería dejar claro el profesor, es que siempre hay algo más allá de lo que captamos a simple vista. La flecha del logotipo de *FedEx* no es obvia. Para verla hay que fijar la mirada en el espacio entre las letras. Eso sí, una vez la identifiques te pasará como a mi y a otros tantos, nunca más se te escapará su presencia.

Es el mismo principio que aplica a la energía que nos une en el Universo. Para sentir su presencia hay que mirar más allá de lo que parece obvio y fijar la mirada en esos espacios que a simple vista parecen estar vacíos.

¿Has mirado alguna vez el viento? No, pero sabes que existe. Como también sabes que existe la energía de la vida en el rítmico respirar de un bebé profundamente dormido. Pero, ¿acaso te has percatado alguna vez de la sabiduría que reside entre las arrugas de un anciano o la paz que habita entre los brazos de una madre?

Esos son los espacios a los que me refiero. El espacio entre las pecas de un niño malcriado, donde reside la inseguridad; el espacio que deja la partida de un ser querido, donde la tristeza y la fuerza del alma conviven.

Me refiero, no solo al espacio entre las ramas de un roble donde quizás se albergue una telaraña, o ese espacio que el viento reclama aun cuando no estamos mirando, sino también al espacio entre dos notas de música, los versos de un poema o las pinceladas sobre un lienzo, donde conviven la inspiración y las frustraciones del artista y donde muchos de sus sueños aun dormitan. Me refiero al espacio entre tu y tus vecinos o tus seres queridos, donde crecen el prejuicio, los reproches y la injusticia, o donde se albergan cariños puros, confianza total y parte de tu historia.

¿Cuándo fue la última vez que enfocaste tu mirada sobre el espacio entre las palabras ahogadas en el silencio?

Mira a tu alrededor y repara en esos espacios vacíos entre los muebles de tu casa, la carraspera de tu pareja, las canas de tu padre o los ademanes de tu hijo adolescente. Escucha con atención el silencio porque es en ese espacio donde habitan las respuestas. Es ahí donde se revelan las verdades y las inquietudes toman forma; es en ese espacio donde experimentamos el miedo y encontramos, al sucumbir, la Fe. Es en ese silencio sordo donde la maravilla de la Creación se manifiesta, donde el tiempo y la distancia dejan de existir y los obstáculos se convierten en posibilidades.

Y si de verdad estás atento es ahí donde encontrarás no solo la flecha de *FedEx,* sino también la analogía con el logotipo: que son precisamente esos rasgos que nos diferencian y nos dan forma los que nos conectan y nos unen.

Nancy:
Huellas de una Amistad

Desde un marco colgado en una de las paredes de mi estudio, estamos Nancy y yo, caballo tequilero en alto, brindando por el futuro y nuevas aventuras, ¡salud! Fue salud lo que precisamente se le quedó corto a Nancy. A los 39 años le diagnosticaron cáncer en el seno; poco antes de cumplir 46 perdió su batalla con la enfermedad.

El otro día estaba leyendo un libro que dice que a las enfermedades no hay que combatirlas, hay que amarlas. Porque las enfermedades, desde el más simple catarro hasta una enfermedad terminal, son una manifestación de nuestro cuerpo pidiendo atención, como el bebé que se despierta llorando en medio de la noche.

En los seis años que duró su lucha contra el cáncer, Nancy alcanzó muchos logros y realizó algunos sueños. Se destacó como empleada del mes en la empresa en la que trabajábamos juntas. Completó sus estudios de Maestría en Administración de Empresas, graduándose con altos honores. Y a pesar del despeñadero burocrático que tuvo que escalar en dos países, adoptó a dos niñas que la llegaron a querer como se quiere a una madre.

Quizás Nancy nunca aprendió a amar su enfermedad, pero no usó la misma como excusa para dejar de amar la vida y brindar amor a los demás.

¿Cuántos de nosotros posponemos nuestros sueños y nuestras metas hasta que llegue el momento adecuado? ¿Cuántos vivimos aferrados a la frase *algún día?* ¿Cuántos especulamos qué haríamos el resto de nuestras vidas si de la noche a la mañana nos diagnosticaran una enfermedad fatal?

Cuando Nancy comenzó los trámites para adoptar a sus niñas, no faltó quien pensara en cuál seria el futuro de las niñas si se quedaban sin madre. Para Nancy, ésa no era una opción. Entre tratamientos de quimio- y radioterapia, Nancy canalizó todas sus fuerzas para que se reconociera legalmente el derecho de sus dos hijas a soñar sobre sábanas limpias, a obtener una educación que le abriera las puertas a las mismas oportunidades que tuvo ella y a la seguridad que ofrece un hogar lleno de amor. Una muestra de amor que trasciende su existencia.

Nancy murió en junio del 2005. Su muerte me dejó un vacío físico que nadie podrá llenar. En su lugar quedan los recuerdos de los momentos que compartimos juntas; huellas de una amistad corta que el paso del tiempo y la distancia solo podrán profundizar.

En los pocos años que estuvimos juntas, Nancy me enseñó, con su forma de vivir la vida, varias cosas que comparto hoy contigo en esta columna que va dedicada a ella.

- ☐ Nunca te des por vencido —jamás pierdas la esperanza.

- ☐ Vive la vida a plenitud —como si cada día fuera el último.

- ☐ No pospongas tus sueños hasta que llegue el momento perfecto para realizarlos —el momento perfecto es ahora.

- ☐ No esperes a estar enfermo para prestarle atención a tu cuerpo —cuídalo siempre.

- ☐ Y si estás enfermo, no lo uses de excusa para dejar de vivir y amar.

- ☐ Nunca dejes de dar lo mejor de ti mismo.

- ☐ Y sobre todo, ama a la vida, ámate a ti mismo y demuestra tu amor a los demás con pequeños actos desinteresados.

Recuerda, por corta que sea, la vida es lo que hacemos de ella.

¡Salud, mi querida amiga!

Dicen que No Hay Peor Ciego que El que No Quiere Ver

A raíz de enviar la columna titulada "Buenos Días" recibí un correo electrónico de una amiga en Chile, solicitando mi autorización para publicarla en la revista *Biblionotas,* una publicación de la Biblioteca Central para Ciegos en Santiago, Chile.

Al compartir mi emoción de recibir tal solicitud con una amiga, ésta preguntó: ¿y cómo una persona ciega va a saber si alguien le está devolviendo un saludo con una sonrisa?

La verdad es que no conozco a ninguna persona ciega, pero sí conozco a personas que no ven más allá de su nariz o que viven en la oscuridad total, y somos muchos los que contamos con la bendición del sentido de la vista, y sin embargo, se nos escapan los detalles más obvios.

Hagamos un experimento. Cierra los ojos un momento, ¿qué escuchas? ¿Qué sientes?

Desde donde yo estoy, se oyen carros apresurados sobre la carretera mojada, un chorro de agua que se derrama estrepitosamente contra la acera y un abanico que se queja de la monotonía de sus días. Es obvio que en la casa vecina comienzan el día con frijoles refritos y a juzgar por los ladridos de los perros del vecindario, algún desconocido va caminando calle abajo.

La carretera mojada y el chorro de agua me recuerdan cuando de niña, me bañaba en la lluvia con mis hermanos. El abanico me hace pensar en otra época de mi vida y los frijoles me despiertan el apetito, recordándome que aun no he desayunado.

¿Me hubiera percatado de todo esto con los ojos abiertos? Francamente, hasta ahora no había tomado en cuenta el ruidito monótono del abanico, ni cuantos carros pasan por la calle de mi casa a esta hora.

Las personas no videntes desarrollan y dependen de sus otros sentidos para vivir, mientras que los videntes damos mucho por sentado. Una sonrisa es un reflejo del mundo que llevas por dentro. Es un reflejo de quien eres y como te sientes en cualquier momento. No hay que verla, hay que sentirla. Y en la medida en que la sientas desde adentro, el resto del mundo sonríe contigo. El mejor lugar para encontrar una sonrisa es en ti mismo. Si no te sale una sonrisa, trata de fingirla. De hecho, trata de fingir una carcajada. Te apuesto lo que quieras a que en cuestión de segundos te estas riendo, porque si algo Divino tiene una sonrisa, es que es contagiosa y se propaga con rapidez.

Elevar el nivel de sonrisa a carcajada equivale a casi 45 minutos de relajación, ayuda con la digestión, minimiza el estrés, refuerza el sistema inmunológico y eleva la autoestima. ¿Ya te estás riendo?

No te niegues una buena carcajada, ni le niegues a nadie una sonrisa. El poder de una sonrisa es tal, que trasciende la oscuridad, ya sea ésta literal o figurativa y quien no te devuelve una sonrisa, no es porque carezca del sentido de la vista –por algo dicen que no hay peor ciego que el que no quiere ver.

¡Cierra los ojos, agradece todos tus sentidos y a reír se ha dicho!

La Buganvilia

Dos de noviembre, Día de los Muertos. Otro viento del Norte se avecina. Sin esperar invitación, la brisa entra cuando abro la puerta que da hacia la calle, engolfándolo todo con su aliento húmedo y salado, y sale por la puerta de atrás, reclamando su libertad, enredándose en los troncos desnudos de la buganvilia.

La buganvilia fue la primera planta que sembramos cuando compramos la propiedad aquí en Cozumel y durante diez años ha ocupado un lugar prominente, casi privilegiado, en nuestro jardín. Los primeros años de su existencia se negó a florecer, quizás su manera de protestar la falta de atención que percibía con nuestras innumerables idas y venidas entre nuestra casa en Cozumel y nuestro hogar en Miami. Aquellas estadías cortas a las que llegaba yo llena de emoción, tanto por reunirme con mi compañero del alma, como por ver las flores que tantos recuerdos y significado han tenido a través de mi vida.

La buganvilia o trinitaria, como le llamamos en Puerto Rico, es una de las plantas favoritas de mi padre. Canastas de ellas rebosaban de las paredes que rodeaban la piscina de la casa de mi adolescencia. Fueron también buganvilias las que, batiendo sus largos brazos desde las jardineras del hotel Sheraton en Puerto Vallarta, me dieron la bienvenida en mi primer viaje a México.

Hay quien las conoce como flores de papel de seda, pues es la impresión que dan sus pétalos cuando uno las mira por primera vez. Pero a pesar de la delicadeza que aparentan, la planta es fuerte, resistente y hasta amenazante, con grandes espinas dispuestas a herir al que la hiera.

Por años nuestra planta ha crecido desmesuradamente, desbordándose sobre la cerca hacia el jardín del vecino, cómplice silenciosa en mi lucha contra el llamado de mi esposo a domarla. Ni siquiera la fuerza brutal de la madre naturaleza ha logrado doblegar su espíritu, sobreviviendo el arremetimiento de dos huracanes en cuatro meses.

Fueron quizás los vestigios de sus ramas quebradas lo que comenzó a debilitarla o quizás el peso de proveer sombra para dos hogares, lo cierto es que hace unas tres semanas atrás noté como, a pesar de lo florecida que estaba en su exterior, guardaba calladamente ramas sin vida en su interior. Fue cuando cedí a podarla, comprendiendo que en mi afán de protegerla, la estaba destruyendo.

Equipados con tijeras, machetes y hasta serruchos, mi esposo y yo nos dimos a la tarea de podarla. Nos tomó dos días, al cabo de los cuales, nosotros quedamos como si hubiéramos peleado con un par de gatos monteses y ella totalmente expuesta, como la reina de belleza a la que le descubren una imprudencia moral.

Cada mañana me acerco a sus ramas desnudas, esperando ver indicios de un vástago, admirando su dignidad callada, absorbiendo los senderos que ha dejado el paso del tiempo sobre su corteza, temiendo sin querer admitirlo, que no germine; que hayan sido mis manos las que hayan puesto fin a tanta belleza. Pero hoy, Día de los Muertos, nuestra buganvilia un poco estremecida por el viento del Norte, me recibió triunfante, desplegando en sus ramas diminutos retoños verdes y algunas nuevas espinas, y con ello un mensaje del Universo.

¿Cuántas veces nosotros también nos dejamos morir por dentro, cediendo al peso de algo que cargamos calladamente y a lo que nadie parece prestarle atención? El peso de nuestras decisiones, desengaños, ilusiones despedazadas por los huracanes de la vida, sueños rezagados, rencores que afloran en carne viva, un perdón no recibido o no concedido, el peso de nuestros triunfos y logros, lo que esperamos de nosotros mismos y lo que percibimos que esperan los demás...

Como la buganvilia, continuamos viviendo día tras día, sin detenernos a desechar esas ramas viejas y secas que nos están consumiendo, acortándonos la vida. Enfrascados en una rutina que al parecer no cambia, atascados en lo que de acuerdo al marco de nuestras vivencias y valores, es lo correcto. Negándonos a nosotros mismos el milagro de la evolución. Porque es ése uno de nuestros propósitos en la vida: evolucionar. Aceptar que nada es estable, que todo en la vida es cambiante. Que esa planta que ayer nos regalaba su sombra, mañana puede perecer. Que esa persona a la que no has perdonado, merece quizás otra oportunidad; que ese ser querido al que tratas de proteger, necesita enfrentar su verdad. Que quizás tus metas ya no se ajustan a tu realidad y que tus logros del pasado son solo eso. Y para eso hay que podar las ramas, para dar paso a nueva vida, nuevas ilusiones, nuevos comienzos.

Poda tus ramas secas, no temas quedar desnudo o al descubierto. Reconoce tu verdad y reconoce también que la misma puede cambiar con el arribo de nuevos vientos.

Ama, perdona y celebra cada amanecer como lo que es –la oportunidad de renacer, de volver a trazar tus metas y prioridades y/o la forma en que planeas alcanzarlas, de reevaluar tus relaciones, redefinir tus compromisos, examinar tus valores y dar lo mejor de ti, aun cuando tus flores de vez en cuando estén acompañadas de espinas.

El Poder de Dar Gracias

La semana pasada mi primo y su familia llegaron en Crucero a pasarse el día en Cozumel. Las horas que pasamos juntos estuvieron comprimidas con conversaciones interrumpidas, preguntas contestadas a medias, y viejos y nuevos recuerdos sazonados con el cariño mutuo que ni el tiempo, ni la distancia han logrado disminuir.

Una de las actividades que compartimos en esta visita fue un encuentro con los delfines en el parque Chankanaab aquí en la isla. El día estaba lluvioso, el mar revuelto y el aire helado. Pero eso no nos detuvo.

Titiritando de la emoción y el frío, niños y no tan niños, esperamos con paciencia, paraditos sobre una plataforma sumergida en el mar, a que llegara nuestro turno para besar a, y bailar con Ixchel, un delfín de ojos risueños y carácter vivaz.

Yo no soy partidaria de tener delfines en cautiverio, pero observando la gracia y complacencia de Ixchel y la cara iluminada de cada adulto y cada niño durante esta experiencia pensé en cuan fácil es juzgar una situación cuando uno no ve todos los ángulos.

Algo así como lo que hacemos con nuestras vidas cuando nos encontramos en situaciones que no son de nuestro agrado o que no concuerdan con lo que teníamos planeado.

En estos días se celebra en los Estados Unidos el Día de Acción de Gracias. La celebración tiene su origen en un gesto de gratitud que eventualmente se convirtió en tradición. Para muchos este día es intenso, pues requiere un sinfín de preparativos. Como tantas otras celebraciones a través del mundo, ésta se caracteriza por los platillos que se sirven, comenzando por pavo horneado acompañado de puré de papas, jalea de arándano, batatas (camote) con malvaviscos y guiso de habichuelitas tiernas (ejote) a la cacerola.

Muchas familias se preparan para la llegada de más familiares y amigos, mientras otros viajan horas para celebrar ese día entre seres queridos. Para otros, quizás, es un día cualquiera y aun para muchos otros, este día marca el comienzo de la temporada navideña, vertiéndolos en la vorágine comercial que compite con el aspecto espiritual de la temporada.

Pero el motivo principal del Día de Acción de Gracias es tomar tiempo para reflexionar y dar gracias por las bendiciones que nos ha brindado el Universo.

Claro, pensarás, es muy fácil dar las gracias sentado en una mesa abundante en comida y rodeada de familiares, amigos y seres queridos. Pero, ¿cómo dar las gracias cuando te sientes solo, desesperanzado o agobiado por la falta de tiempo, el exceso de deudas u otras responsabilidades, abandonado aun por tus propios sueños, cuándo tienes un dolor de cabeza que no te permite pensar, cuándo sientes que la vida se te escapa en cada suspiro de un ser querido que está enfermo, cuando lo que sientes son ganas de llorar?

Dar gracias en ese momento es la acción más efectiva que puedes tomar para infundir esperanza a tu vida. Agradecer cualquier situación, por difícil que parezca, es reconocer que existe un Plan Divino que aunque no concuerde con el tuyo, es un plan perfecto. Es abrirle la puerta a la vida para que manifieste las bendiciones que te tiene guardadas.

Ni en tus sueños más disparatados, ni en tus peores pesadillas, puedes imaginar todas las maravillas que te tiene deparada la vida, pero puedes tener la certeza de que en cada momento te guarda un tesoro... como bailar con un delfín aunque sea en cautiverio. Quien sabe, quizás el cautiverio de Ixchel la salvó de las redes de los pescadores de atún.

Dar gracias es la oración más poderosa que puedes dirigir al Universo, no solo éste, sino todos los días.

¡Feliz Día de Acción de Gracias!

Las Plantas de Adentro

Recientemente una de mis plantas de la sala comenzó a derramarse. Uso la palabra derramarse porque fue la imagen que me vino a la mente cuando vi la planta, una palma que había comprado con la ilusión de traer el trópico a mi sala, inclinada hacia un lado, como desafiando y cediendo a la fuerza de gravedad a la misma vez.

Pensando en formas de corregir la situación, la até a una varilla enterrada en el centro de la maceta, pero eso no ayudó. No fue sino hasta un par de días después que me percaté de que lo que le hacia falta a la planta era agua. Había estado lloviendo tanto que al no tener que regar las plantas de afuera, descuidé las de adentro.

¿Cuántas veces nos pasa lo mismo con nosotros mismos? Nos vemos tan bien en el exterior que descuidamos nuestro interior.

La mayoría de nosotros dedicamos horas en rituales para vernos bien. Cuidamos de que nuestra ropa este limpia, planchada, impecable. Nos peinamos, nos perfumamos y en el caso de muchas mujeres, nos maquillamos con destreza y meticulosidad. Algunos observamos regímenes de dieta y ejercicio. Otros no dejamos pasar la cita con el dermatólogo, la manicurista o el peluquero. Sin embargo, olvidamos alimentar esa entidad invisible que es lo que verdaderamente da vida a nuestro cuerpo: el espíritu.

Alimentar el espíritu es tan importante como la tacita de café o té que algunos necesitamos tomar en la mañana para poder "funcionar" el resto del día.

Hay varias formas de alimentar el espíritu. Todos hemos escuchado y está comprobado que el yoga, la meditación y la contemplación son formas excelentes de alimentar nuestro espíritu y alcanzar un estado de tranquilidad que permea todas las áreas de nuestras vidas. Así como hemos escuchado de parte de otros o de nosotros mismos que estas prácticas requieren tiempo con el que decimos no contar.

En realidad alimentar el espíritu es tan fácil como observar el cielo en un día despejado durante la larga hora que pasas en el carro manejando de tu casa al trabajo y dar gracias por el don de ver, o respirar profundo y reconocer que sin el sentido del olfato no podríamos disfrutar del olor de la comida casera que nos da la bienvenida al hogar en el atardecer.

Alimentar el espíritu es tomarse un segundo para agradecerle a tu cuerpo el hecho de que está saludable y que tus órganos están funcionando perfectamente. Es darle gracias a tu mente por estar clara y permanecer abierta justo antes de entrar a una reunión de personal. Es sonreír a un extraño en la calle, apreciar el color y el aroma de una flor en el reguero de concreto de la ciudad, o sentir la brisa en una sofocante tarde de verano y agradecer estar vivo en ese momento.

La próxima vez que te mires en el espejo, trata de ver más allá de tu imagen y hazte esta pregunta: ¿le eché agua a las plantas de adentro?

Una Experiencia como Ninguna otra

Es posible que mis hermanas puedan contar esta historia mejor que yo, de manera que trataré de apegarme a los hechos objetivamente.

Hace unos veinte años atrás, cuando vivía sola, inspirada por el perro súper-bien-portado de unos amigos, me antojé de un perrito. Fueron estos mismos amigos los que pusieron en mis manos el destino de un cachorrito al que llamamos *One.*

Todos me aseguraron que *One,* siendo de la raza Schnauzer, era un perrito altamente "entrenable". Nadie me preparó para lo que me esperaba.

Tratando de ser fiel a las instrucciones impartidas por aquellos con mas experiencia que yo en el tema de entrenar a un cachorrito, sacaba a *One* a pasear para que hiciera sus necesidades por lo menos tres veces al día y lo dejaba encerrado en el baño con papel de periódico en abundancia durante mis horas de trabajo. *One* tenía un apetito insaciable por el juego y la energía del planeta parecía recorrerle por las venas.

Cada tarde cuando llegaba del trabajo a sacar a *One,* me encontraba con un desastre en el baño. El papel de periódico picado como documento de gobierno, el papel sanitario como confeti de carnaval y como si eso fuera poco, si se me olvidaba removerme las medias de *nylon* antes de abrirle la puerta, salía de allí como piñata de cumpleaños.

La noche que llegué agotada, tras un día de trabajo extra largo y *One* había arrancado el papel de entapizado de la pared del baño, despojándome de un tirón de la oportunidad de que me devolvieran el depósito que había pagado por aquel apartamento rentado, nuestra relación llegó a su fin. Creo que fue esa misma noche que lo vi partir en los brazos de los mismos amigos que me lo habían regalado. Mis ojos brillaban de alivio y juraría que en los de él vislumbraba un triunfo perverso. ¿Cuánto duró el idilio? Yo sentí que fueron tres años. ¡Mis hermanas dicen que tres días! Pero el recuerdo amargo de mi único intento de tener y disciplinar un perrito duró décadas.

Abril del 2007. *Smoky*.

Smoky es el nombre del perrito Chihuahua cruzado con Rat Terrier que acabamos de adoptar mi esposo y yo hace una semana. Tiene seis semanas, ojos que inspiran comérselo a besos y pelo del color de azúcar quemada. Cuando nos ve, se desvive por demostrarnos cuan contento está y no hay nada que podamos hacer que detenga su devoción eufórica.

Esta experiencia me ha hecho pensar un poco en como uno a veces juzga el futuro de acuerdo a lo vivido en el pasado. Por años yo quería un perrito, pero mi experiencia con *One* había logrado coartar el impulso hasta ahora.

¿Cuántas veces te has privado de hacer algo porque esperas o temes que el resultado sea el mismo de una experiencia anterior? Muchos nos privamos de vivir la vida a plenitud por juzgar el futuro según las experiencias del pasado. Conozco una persona a la que adoro que no va de visita a su Patria por no tener que despedirse de ella otra vez. Hay quien se niega a amar otra vez para no ser herido, negándose quizás la oportunidad de tener con quien recoger y volver a unir los pedazos de su corazón. Y hay, quien como yo, se priva de la experiencia de tener una mascota porque la vez que trató, resultó ser muy frustrante. Se nos olvida que el futuro es la promesa de una gran aventura que quizás no sea perfecta pero tampoco ha de ser exactamente como el pasado.

Desde el día en que *Smoky* llegó a nuestras vidas, mi esposo y yo no hemos tenido una noche completa de descanso y nuestra rutina ha sufrido algunos trastornos. Y es que *Smoky* tiene un insaciable apetito por el juego y al parecer, la energía del planeta le corre por las venas… ¡como *One*! La experiencia es similar, pero no es la misma. La tuya tampoco tiene que serlo. Vive a plenitud cada momento. Abre la puerta de par en par e invita a pasar al futuro. Regresa a tu Patria si tienes la oportunidad y anticipa el momento de la llegada en lugar de pensar en la partida. Ama, no por como se siente ser amado, sino por como se siente amar y no te prives de vivir hoy y disfrutar mañana por lo que pasó ayer. No encadenes tu futuro al pasado.

Vive cada día como lo que es: una experiencia como ninguna otra.

A la Orilla del Abismo

Como saben, los llamados "reality shows" están de moda. Yo no soy fanática de este nuevo estilo de programas de televisión, pero tampoco voy a negar que tengo un par de preferidos, entre ellos, *The Amazing Race*. En esta serie compiten doce equipos de dos personas en una carrera alrededor del mundo con el fin de ganarse un millón de dólares. Es una hazaña que requiere un gran esfuerzo físico y perseverancia de espíritu, así como la habilidad y paciencia para trabajar en equipo.

A veces los integrantes se encuentran frente a abismos profundos en alguna parte del mundo, que quizás ni en sus sueños anticiparon visitar, con la gran tarea de cruzarlos o bajarlos amarrados de una cuerda. Como también a veces se encuentran en el fondo de un abismo con el reto de escalar inmensas paredes rocosas para poder seguir adelante. Estas son destrezas que la mayoría de los participantes no posee, pero que dejando de lado sus miedos e inquietudes, se entregan a la tarea de conquistar, con tal de estar más cerca del tan ponderado premio.

Entre los participantes de esta temporada hay un equipo constituido por dos muchachos jóvenes que se conocieron mientras asistían a un programa de rehabilitación de drogas.

En una entrevista, uno de ellos comentó que participar en esta carrera se asimila a la experiencia de romper el vicio de las drogas en el que cayó a raíz de la muerte de su padre, quien murió cuando el joven tenía quince años. El uso de drogas, comentó el muchacho, lo transportó a un lugar donde no tenía que pensar, ni sentir el inmenso vacío que dejó la partida de su padre... un lugar ajeno al dolor.

Su sinceridad me tocó el alma porque yo también me he encontrado frente al abismo de la soledad y el dolor, como me imagino que te has encontrado tú en algún momento de tu vida.

Al igual que los participantes del programa, uno no anticipa encontrarse frente a este abismo o peor aun, en el fondo del mismo. Uno no planea sentirse solo o enfrentarse a un dolor tan inmenso. Pocos contamos con las destrezas para salir solos de ese abismo, para combatir el dolor desgarrante de la perdida de un ser querido o para romper un vicio.

La verdad es que hay que admirar a esas personas que tienen la entereza de carácter para reconocer que han caído en un abismo del que no pueden salir solos y buscan ayuda. Así como no debemos juzgar ni condenar a aquellos que no han logrado superar esa etapa de la gran carrera que es la vida.

Quizás reconociendo, no justificando, la posible causa de este mal que nos afecta a todos, podemos ponernos en contacto con nuestra capacidad de sentir compasión hacia los demás. Y quizás esta compasión nos equipe para reconocer cuando un ser querido o un amigo se encuentra a la orilla del abismo y nos mueva a rescatarlo antes de que sea muy tarde.

No dudes en poner una mano sobre el hombro de esa persona que ves a diario cargando a solas su tristeza, no lo pienses dos veces para comunicarle que estas disponible cuando te necesiten, no le niegues tu amistad a un ser que parece tener pocos amigos. Y no dudes en compartir tu momento de debilidad y cómo lo superaste. La fuerza y el apoyo que des hoy te pueden ayudar a ti mañana.

Y si por casualidad eres tú el que se encuentra a la orilla del abismo, mira a tu alrededor y comprende que no estas solo, que tu dolor no es único, que tu tristeza no es insuperable. Por más que quieras escapar de ellos, estos sentimientos son inevitables. Entregándote al dolor, a la soledad o al sufrimiento, abres paso a la sanación interna y al bienestar que induce la aceptación y validación de la realidad que enfrentas.

A veces es necesario descender hasta lo más profundo del abismo para ver la luz. Después de todo, el momento más oscuro de cada noche es justo antes de la salida del sol. Pero antes de entregarte a bajar por esa cuerda hasta el fondo del abismo, asegúrate que hay alguien sujetándola del otro lado.

Y una vez conquistada la tarea, a lo mejor no tienes un millón de dólares como recompensa, pero cuentas con una nueva amistad, una nueva experiencia y paz interna. Y eso no te lo arrebata nadie.

Un Cambio Irresistible

En Cozumel, el verano le roba a la primavera unas cuantas semanas, de manera que a mediados de mayo el aire pierde su frescura y se pone pegajoso.

Cozumel cuenta con el único campo de golf en México que puede alardear la distinción de haber sido certificado como un Santuario Cooperativo Audubon. Un santuario dedicado a la conservación y proliferación de la flora y la fauna silvestre endémica de la Isla, donde merodean lo mismo iguanas que jabalíes, lagartos que corren en dos patas, culebras, tortugas, insectos raros y hermosos, aves exóticas y hasta cocodrilos.

En las mañanas perezosas de la temporada baja, el campo se sume en el silencio y la presencia de la vida silvestre se intensifica.

Aun no he encontrado nada más intimidante que los ojos protuberantes de un cocodrilo espiando sus alrededores desde un lago. La forma sigilosa en que se desliza sobre el agua y la enorme sombra de su cuerpo bajo la superficie sugieren una violencia comedida y premeditada que arroja señales de alarma a todo mi cuerpo y obliga a mis pies, pesados por la curiosidad, a seguir adelante en el camino.

En contraste con esa quietud violenta, las mariposas, absortas en su aleteo continuo, parecen ser la fuerza tras la brisa inerte que mueve las hojas en esta mañana. Distraída, sigo el patrón de su danza alegre y al parecer errática, mientras suben a la copa de un árbol y luego bajan en un espiral etéreo hasta quedar suspendidas sobre la grama, aleteando a mil revoluciones, como instigando al suelo a levantarse con ellas en su vuelo.

Pienso en la vida precaria de este hermoso insecto y trato de acordarme de las tempranas lecciones de ciencia de mis años escolares. *La mariposa comienza siendo un huevo que luego se convierte en oruga o larva, pasando a crisálida o pupa para al fin convertirse en mariposa.* Hay lecciones que uno nunca olvida, quizás por la forma en que fueron enseñadas o quizás por el impacto que tuvo la enseñanza en ese momento. *Tantos cambios,* pienso.

Cada una de las etapas de la vida de una mariposa es esencial para su desarrollo. Sin una u otra, la transformación no quedaría completa y sin embargo, después del largo proceso de transformación, en su etapa adulta, la mariposa vive un promedio de dos semanas. Me pregunto, si supiera la precariedad de su vida, ¿resistiría el cambio?

Nuestras vidas también están llenas de cambios, unos quizás más marcados que otros, momentos que llegan a definir quienes somos y que transforman nuestro espíritu. Sin embargo, la reacción más común al cambio es resistencia. Y hay hasta quien lo resiente.

Como las etapas de la mariposa, cada cambio en nuestras vidas tiene un propósito específico. Aun esos momentos que consideras una pérdida de tiempo, como cuando te encuentras estancado en tráfico o enjaulado en una carrera que ya no te satisface.

Hay cambios que parecen ocurrir por sí solos y hay otros que requieren acción de nuestra parte. Mientras por un lado no puedes controlar el estado del tráfico o como reaccionan los miles de motoristas que comparten ese momento contigo, puedes comenzar a buscar opciones para cambiar de profesión o de trabajo.

Lo importante es no perder de vista el hecho de que no importa en que etapa de tu vida estés, el cambio llega. Y no importa cuales sean tus planes, cuenta con un cambio.

Muchas veces no es lo que esperas, pero siempre es lo que te conviene —aquello que es esencial para la transformación de tu espíritu.

No resistas el cambio. Al contrario, dale la bienvenida y confía en el Plan Divino —la promesa de un par de alas de colores y la oportunidad de volar bailando.

Un Hermoso Día de Lluvia

Camino hacia Belice pasamos por la laguna de Bacalar. La imagen líquida del cielo reflejado en su superficie, invita a zambullirse de cabeza en ella, con todo y ropa. Aun dentro del coche con aire acondicionado, se siente el calor que ha acosado a esta región por meses. A nuestro paso vemos los vestigios del paso del huracán Dean, hace casi un año atrás.

Enormes árboles empolvados por la sequía yacen aun doblegados, humillados por la fuerza de la Naturaleza. Esa fuerza que a todos, en algún momento de nuestra existencia, nos deja sentir su grandeza.

Desde mediados de mayo, los pronósticos de lluvia no se han hecho esperar, pero la lluvia nos ha dejado plantados. A pesar de muchos amaneceres nublados con augurios de lluvia, el agua no se deja sentir. Da la impresión de que el cielo estuviera estreñido. Todo al que se lo mencionas está de acuerdo en que nos hace falta un buen chubasco. Y todos también comentan que una vez empiece a llover, nos vamos a encontrar deseando que salga el sol.

Cuando era chiquita la lluvia era motivo de celebración. Fueron muchos los días lluviosos que mis hermanos y yo compartimos corriendo, cantando y jugando bajo un aguacero. Todo con la bendición de mami, quien aprovechaba el tiempo para prepararnos sopa de letras y vegetales *Campbell's* y galletas de soda con mantequilla.

Sin embargo, de adulta, la lluvia se convirtió en presagio de malos momentos. Cada gota un fastidio; cada aguacero una amenaza contra el statu quo...que se te arruinan los zapatos, el vestido, el peinado...que el tráfico se pone mas pesado...que hay mas accidentes...que se inunda el patio, las filtraciones del techo se manifiestan y las goteras se desangran...

Hace poco, durante un reciente viaje a San Antonio, Texas, después de haber manejado bajo una llovizna gris que me carcomía los huesos y me enturbiaba el espíritu, le comenté a mi sobrino de doce años, "es otro hermoso día de lluvia". Y él, perspicaz y bilingüe, reparando en el tono sarcástico de mi observación, me contestó: "eso es un *oxymoron*" el término en inglés para describir una contradicción en términos.

Aunque el Universo a veces parece estar lleno de contradicciones, un día de lluvia no tiene que ser feo. Todo depende de cómo tú lo interpretes.

¿Alguna vez has pensado qué sentirá la lluvia al caer sobre la mancha oscura y ardiente del pavimento, sobre una hoja polvorienta, sobre el fogón de la tierra? ¿Habrá tenido tiempo de pensar en lo que le espera antes de dejar la mano de la nube? ¿Se habrá tirado instigada por una promesa o es simplemente un salto de fe? ¿Y qué siente cuando cae sobre agua –distinguirá la diferencia entre agua dulce, salada o sucia?

Mientras escribo esto, ya camino de regreso a Cozumel, la tormenta tropical Arthur está sobre Belice. El paisaje, salpicado de cañaverales, casas de madera suspendidas sobre zancos que flaquean sobre el terreno rojizo y flamboyanes que incendian la orilla de la carretera con sus flores, parece estar envuelto en un velo de tul. Llueve a cántaros, en ráfagas, con interrupciones breves, como un concierto sinfónico. Así es el Universo. Siempre apoya lo que quieres y yo quería encontrar lo hermoso en un día de lluvia.

Muchos la viven, otros la ignoran y hay quien ve en ella una forma de apreciar más los días de sol, esforzándose por sobrevivir un día lluvioso sin sentirlo –algo así como los momentos difíciles de nuestras vidas. Pero, ¿qué pasaría si apreciaras la lluvia por lo que es? ¿Si te dejaras perder en cada gota? ¿Si te quitaras los zapatos y te olvidaras de cuanto te costó el vestido y salieras a chapotear en cada charco y en cada bache que te encontraras? ¿Si le permitieras acariciarte el rostro, empapar tus miedos y ahogar tus dudas? ¿Y qué pasaría si hicieras lo mismo con esos momentos difíciles de tu vida?

Busca lo hermoso en cada instante. Vívelo y siéntelo con todos tus sentidos. Celebra cada día por lo que es: tú presente, tú ahora, tú momento, otro hermoso día —aunque sea de lluvia.

Sin Límites

"Es la vida, más que la muerte, la que no tiene límites," termina diciendo Florentino Ariza, uno de lo personajes principales de la película *El Amor En Los Tiempos Del Cólera,* basada en el libro del mismo nombre del laureado autor colombiano, Gabriel García Márquez.

En una de esas conversaciones filosóficas en las que uno a veces se adentra con amistades, analizando su vida, una amiga declaró: *I suck at life,* usando una expresión que en el argot de la lengua inglesa significa una deficiencia en algo o algo poco placentero. En otras palabras, mi amiga se refiere a su vida como una destreza que no ha dominado o una materia en la que es deficiente. ¡Vaya límite!

La vida no es una destreza que uno debe dominar o una materia en la que uno puede fracasar. La vida es un regalo inesperado. Puede ser que al abrirlo te encuentres con algo que te encante o con algo que no te haga falta. Pero en el gran esquema de las cosas, el contenido de ese regalo es parte de un plan Divino y tarde o temprano te darás cuenta de que el mismo es o era necesario para completar, complementar o cambiar tu Ser.

Cada amanecer nos da la oportunidad de abrir ese regalo y dejarnos sorprender por su contenido, sin expectaciones, ni prejuicios. Es cierto que no siempre el regalo viene envuelto en papel de seda o colores brillantes. Y a veces hay que sumergirse en la caja y buscar bien para dar con él. Pero al final de cada día, si estas alerta, encontrarás una sorpresa.

A unas cuantas horas de que el año dos mil siete del Calendario Gregoriano llegue a su fin, te invito a remover los límites de tu imaginación y a aceptar con gratitud el gran regalo que es la vida.

Permite que la magia de la época navideña permee cada día del año que se avecina y cada instante de tu existencia.

Deja que los colores de la naturaleza abracen tu espíritu, que el vuelo de las mariposas lo estremezca y el paso del viento le haga cosquillas.

Abre tu mente a lo imposible y observa como, donde ayer percibías obstáculos, hoy hay peldaños y el vacío donde reinaba la oscuridad, hoy se desborda con resplandor.

Escucha la voz del Universo gritando tu nombre en cada encrucijada en la que te encuentres y sigue el camino que tu corazón señala, marchando al compás de cada latido.

Emocionante y desconsolante, dolorosa e intensa, furiosa y romántica, frugal y superflua, la vida es un regalo que lo tiene todo... y aun más. Ábrelo con entusiasmo, trátalo con cuidado y disfrútalo con gratitud. Acepta el regalo de la vida como es –sin límites.

¡Salud, Felicidad y Prosperidad en el Nuevo Año!

De Trotes, Galopes y Estribos

Aquí me tienen, recién llegadita de mi Isla del Encanto y aunque no lo crean, fue en este viaje que entendí a cabalidad el significado de la frase "perder el estribo".

Resulta que entre los regalos maravillosos que me diera el Universo en este viaje, tuve la oportunidad de salir a cabalgar con mis sobrinas en la Hacienda Madrigal en Cidra. Francamente, la experiencia más cercana a correr caballos que había tenido hasta recientemente, era montarme en los caballitos del carrusel en las fiestas patronales. De manera que ésta fue como la tercera vez que puse a un lado mis miedos y mis inquietudes y monté la bestia que en el lenguaje indígena de los nativos del oeste americano es llamada perro grande.

Carimbo es un caballo de ojos y disposición noble. La primera vez que lo monté me trató con el cariño y la paciencia que se trata a un niño perdido. Sin embargo, esta vez se dejó llevar por el grupo de caballos que nos acompañaba en este paseo y casi a mitad de camino se entregó a un trote demasiado rápido para mi gusto y que me hizo perder los estribos –literalmente.

Para aquellos que, como yo, no están familiarizados con el lenguaje ecuestre, los estribos son una pieza de metal, madera o cuero donde el jinete apoya los pies. Estos ayudan a mantener la postura y el balance sobre el caballo. Al perder los estribos, alguien inexperto como yo, puede perder el control y caerse del caballo -exactamente lo que me sucedió. Perdí los estribos y acabé de pecho en el suelo, comiendo moriviví.

Déjenme confesar que el golpe fue duro, pero las carcajadas que compartí con mis sobrinas amilanaron el impacto. Cuando llegamos a casa e hicimos el cuento, mi papá, quien por muchos años manejó su hacienda en Cuba sobre el lomo de un caballo, me comentó que, de sucederme lo mismo en otra ocasión, me aferre al caballo con las piernas mientras halo la rienda suavemente hacia mí para detener al caballo y evitar la caída.

¿No les parece que esto es una lección que podemos aplicar en nuestras vidas? ¿Cuántas veces pierdes los estribos y por ende el control de una situación y acabas de cara en el suelo?

A veces, nos aferramos a nuestra manera de ver las cosas y nos enfrascamos en una discusión donde el intercambio de ideas pasa a ser menos importante que el afán de probar que lo que decimos y creemos es lo correcto. Alzamos la voz, hacemos gestos ofensivos y hasta insultamos sin querer a nuestro interlocutor, anulando la posibilidad de llegar a un acuerdo mutuo que represente una solución viable para todos.

Yo he presenciado discusiones entre personas que se profesan cariño sobre cual es la manera correcta de organizar un archivo, de arreglar una gaveta o de dar vuelta a la derecha con luz roja cuando van manejando, y hasta he visto a quien se dispara un discurso con el Universo porque hoy no debería estar lloviendo. (Claro, no voy a tapar el sol con un dedo; esto puede ser señal de conflictos más profundos, pero hay que empezar por algún lado, ¿no?)

Mantener el control no es vociferar nuestra opinión a los siete vientos, sino mantener la calma y permanecer con la mente abierta.

De manera que hoy te invito a tomar las riendas de cada situación conflictiva, por minúscula que sea, ya sea con el joven adulto que aun vive en tu casa y se resiste a ayudarte con los quehaceres del hogar, el colega que archiva en orden de fecha en lugar de orden alfabético, el conductor que va despacio y no comparte tu prisa esta mañana, o el aguacero cegador que está barriendo la calle y limpiando el ambiente.

Habla, conversa en voz baja, intercambia ideas sin ofender ni sentirte ofendido, emana pensamientos positivos hacia los demás y trata de ponerte en su lugar y sentir como ellos. Quizás ese joven que no te ayuda no ha comprendido que al ayudarte se ayuda a sí mismo, pues tu puedes apreciar y disfrutar mas de su presencia. O quizás prefiere cocinar para ti de vez en cuando, en lugar de ayudarte con el patio. A lo mejor tu colega tiene una razón poderosa y lógica para organizar el archivo de la manera que lo hace, es cuestión de preguntarle. Y el conductor que va despacio puede ser una persona precavida o alguien que ha presenciado demasiados accidentes en la carretera y ha comprendido que es más importante llegar, que matarse por llegar a tiempo.

Y si llegas a perder los estribos y caes de cara al suelo, recuerda que más importante aun es volver a subirte al caballo. Mantén el paso firme y no pierdas la calma. Lo importante no es estar siempre correcto. Lo importante es comunicarte con ese otro ser que ha pesar de lo que pienses, no es un caballo.

Es otro espíritu que como tú, se asusta cuando el trote se convierte en galope desenfrenado.

¡En la Oscuridad, Luciérnagas!

En la columna anterior les conté de mi caída del caballo, ahora les voy a contar de otro episodio –mismo caballo, diferente ocasión.

Otro de los regalos maravillosos que me brindó el Universo en mi viaje a Puerto Rico fue cabalgar de noche por las montañas de Cidra en compañía de mi compadre, un colombiano que tiene la mancha de plátano más marcada que el más jíbaro de los jíbaros puertorriqueños, y que ha sido amigo, compañero de juerga y confidente por muchos, muchos años.

El día que habíamos separado para cabalgar, cayó un aguacero de esos que te deja en las tinieblas a plena luz del día y justo cuando decidimos posponer nuestros planes, salió el sol, destellando la promesa de un glorioso atardecer.

Como ya saben, cabalgar no es una de mis virtudes, pero decidida a disfrutar de la belleza de mi tierra, monté el caballo y me encomendé al Universo. A eso de las cinco de la tarde emprendimos nuestra jornada.

Tal y como lo anticipamos, fue una tarde espectacular. El sonido de los cascos del caballo sobre el terreno fangoso marcando el paso del tiempo, el canto del coquí alborotado por la lluvia, el cielo desparramado sobre el verde alucinante de las montañas y yo, tragando cada momento como aquel que encuentra un Oasis en el desierto.

Tanto disfruté de ese atardecer que no me di cuenta de la llegada de la noche hasta el momento en que me percaté que ya no veía nada, ni siquiera el camino. En medio de la oscuridad total que nos sumía, me sentí insegura, cuestioné mi decisión de montar a caballo sin tener la experiencia y me reproché el no haber estado más pendiente de la hora. Temí, por un momento, lo que pudiera pasar si el caballo tropezaba o se desbocaba en un trote violento. Me imaginé a mi compadre dándole la noticia a mi madre y a mi madre explicándole a mi marido...

Pero la oscuridad de mi mente fue despejándose con el canto del coquí y dando paso al centelleo de un jardín de cucubanos a ambos lados del sendero. (Cucubanos, para los no-boricuas, son luciérnagas.) Fue un momento mágico, una celebración de la vida. Un momento en el que me sentí abrazada por el Universo y en el que comprendí una vez más, que mientras más aguda sea la inseguridad de cada momento, mas posibilidades maravillosas encierra.

Todos hemos tenido momentos como ese a través de los suntuosos senderos de la vida. Un momento en el que perdemos el camino. Un momento en que la única certeza que tenemos es la incertidumbre que se experimenta en el mismo. Un momento en el que nos entregamos a una fuerza más grande que nosotros y que define nuestra relación con el Universo como un acto de fe o un acto de miedo.

Tú sabes de lo que hablo. Me refiero a ese momento cumbre entre la oscuridad y la luz en el que nos entregamos al miedo, a la desilusión, la desesperanza, el desengaño, la depresión, o la desesperación, y nos desbocamos por un túnel de sinsabores imaginarios. Ese momento que acaba con la revelación y la promesa de que todo va a estar bien, no importa lo que pase, sea caerte de un caballo, perder tu empleo, dejar a tu pareja de tantos años, enfrentarte al nido vacío porque tus hijos alzaron el vuelo, o someterte a esa operación que tanto has pospuesto. Porque existe un plan Divino para todos y una solución para cada problema.

De manera que nunca te des por vencido. Entrégate al momento. No ignores ese anhelo que tienes, ya sea volver a la escuela, adoptar un niño extranjero, dedicarte a pintar, a escribir o a hacer cerámica, comenzar a buscar apoyo financiero para establecer tu propia empresa, mudarte a otra casa, otra ciudad u otro país o regresar al tuyo, vender todo lo que posees y enlistarte en los Cuerpos de Paz, comenzar a entrenar para el maratón de Nueva York... o pasear por las montañas sobre el lomo de un caballo.

Sustituye cada *no* interno por un *sí* vociferante. Destruye las alimañas de tu imaginación con afirmaciones. Ahoga cada *no puedo,* con un *sí puedo.* No dejes de vivir una aventura en la oscuridad por miedo.

Y en los momentos más lóbregos de tu vida, no olvides que en la oscuridad es que brillan las luciérnagas.

Y si lo Dejas Ir,
¿Qué te Queda?

Si no han leído los libros de Harry Potter, se los recomiendo. Son una maravilla para la imaginación y ofrecen enseñanzas que podemos aplicar a nuestro diario vivir.

"Para las mentes bien organizadas, la muerte es la próxima gran aventura," le dice el Mago Dumblemore a Harry Potter casi al final del primer libro de la serie.

¿Qué constituye una mente bien organizada?

Una mente bien organizada no es nada más que saber dónde está todo en tu casa o tener un itinerario exacto para cada minuto de tu vida. Una mente bien organizada conlleva tener orden en todas tus relaciones – con los demás, con el ambiente, con las cosas materiales, con tus valores y contigo mismo.

Recientemente tuve la oportunidad de abrazar a mi papá. Por años el resentimiento había tiznado nuestros abrazos debido al distanciamiento emocional provocado por su separación de la familia. Esta vez fue diferente, fue un abrazo limpio, sin expectaciones, ni reproches. El cambio, si se le puede llamar así, pues yo lo llamaría un milagro, es el resultado de años de trabajo en esa área tan difícil como positiva que envuelve el perdón.

Uno de los sentimientos más difíciles de asimilar para el ser humano es el perdón, pues éste representa una afronta contra el ego. Tras dedicar muchas horas de oración, meditación, reflexión y lectura para perdonar, tanto a mi papá como a mi misma, lo que por fin precipitó el evento fue una pregunta simple. "¿Y si lo dejas ir, qué te queda?" me preguntó una amiga una noche de tertulia en la que la conversación giró en torno a mi relación con mi padre. ¿Has tratado de ordenar una gaveta en la que tienes guardadas demasiadas cosas? Por más que dobles y reacomodes todas las prendas de vestir, es un caos. Tienes dos opciones, o pasas parte de los artículos de esa gaveta a otra, o descartas unas cuantas de esas cosas a las que estás aferrado, pero que no usas hace años. Así fue que me vi tras la pregunta de mi amiga: frente a una gaveta que rebosaba con sentimientos viejos a los cuales me había aferrado, como se aferra uno a una prenda de vestir favorita aunque ya no le sirva.

"¿Y si lo dejas ir, qué te queda?"

Queda espacio para meter cosas nuevas –nuevos sentimientos y nuevas experiencias.

Al abrazar a mi papá ese día, me di cuenta, por primera vez en más de treinta años, cuanto había extrañado su abrazo. Al descartar el resentimiento, hice espacio para disfrutar de todo el amor incondicional que nos queda por compartir en esta vida.

Organizar la mente es algo así como hacer limpieza de primavera. Échale un vistazo a las gavetas de tu ser. ¿Hay algo que ya es hora de que dejes ir? Pruébate otra vez el sentimiento de la ira contra aquella persona que en un momento de confusión te trató mal. Mídete el rencor que le guardas a un familiar por asumir una posición que no comulga con tu opinión. Repite una vez más el cuento de la persona que te dio un corte de pastelillo en la autopista esta mañana. Y pregúntate, ¿y si lo dejas ir, qué te queda?

Organiza tu mente, has espacio para el amor y todo lo bueno que tiene el mundo que ofrecerte. Vive la vida como la gran aventura que es y no cargues nada que no sea necesario en este viaje. Así tu mente estará preparada para la próxima gran aventura.

El Poder de las Palabras

Mi esposo es tejano y como buen tejano, con frecuencia usa la frase *I'll be damned,* que a pesar de lo lindo que suena con su melódico acento sureño, quiere decir "seré maldito". Cada vez que él utiliza esa frase yo me apresuro a cancelarla con *I'll be blessed,* (seré bendito) al punto de que ahora él mismo se corrige solito o dice *I'll be blessed* desde un principio.

Yo creo en el poder del pensamiento positivo como creo en el poder que puede ejercer sobre el Universo una palabra positiva.

No hace mucho conocí una señora que al referirse a sí misma usaba adjetivos como tarada, testaruda, terca y burra, entre otros, deleitando a las personas a su alrededor con su elocuente candidez. Tras el colorido encuentro, me quedé pensando, ¿por qué será tan fácil reírnos de alguien que habla negativamente de sí mismo? Sin embargo, cuando nos encontramos con alguien que habla bien de sí, nos choca.

No estoy hablando de esos que todos conocemos por lo menos uno, que pasan por la vida auto-elogiándose con el propósito de ganar la admiración de otros. Hablo de personas que son los suficientemente seguros de sí mismas como para no titubear al preguntársele cuales son sus cualidades positivas.

La mayoría de nosotros dependemos de que sean otros los que nos llamen inteligente, astuto, valiente, atractivo, educado, buen trabajador, etc. Ahora bien, si alguien nos pide que enumeremos nuestras cualidades negativas, en un instante tenemos una larga lista. ¿Por qué nos es tan difícil hablar y pensar bien de nosotros mismos?

¿A que nunca encuentras que quedaste bien en una fotografía? *Ay, que mal quedé. Cerré los ojos. Tengo la sonrisa de medio lado, no estaba mirando a la cámara, ese día tenia el pelo horroroso,* son algunas de las frases que uno escucha cuando alguien está mirando su propia fotografía.

Lo cierto es que no hay nada de malo en decir, *wow, que bien quedé.* Como no hay nada de malo en hablar y pensar positivamente de ti mismo.

Te invito este día a que hagas una lista de tus cualidades positivas. No se te olvide poner en esa lista que eres una persona segura de ti misma, adaptable, compasiva, amorosa, buena amiga, fiel y leal. Incluye adjetivos que describen tu físico, ¿se te hacen hoyitos en la cara cuando te ríes? ¡Eso es bello! ¿Tienes una maraña indomable por cabello? Quizás debes seguir su pauta. ¿Te aparecieron dos o tres arrugas en el último mes? Son adornos de la experiencia, como dice una gran amiga mía.

¿Cómo te sientes al terminar la lista? Usa esa lista cada vez que dudes de ti mismo o sientas que no puedes lograr algo que te gustaría lograr. De hecho, lleva esa lista contigo y léela a diario en voz alta. Te aseguro que vas a notar un cambio en ti mismo y en como te trata la gente.

Ejerce el poder del pensamiento positivo conscientemente y notarás un cambio en tu vida. Nunca subestimes el poder de las palabras. Toma de ejemplo a mi marido, bendito entre los tejanos, que el solo esfuerzo de cambiar una frase tan folklórica como *I'll be damned* por *I'll be blessed* le trae una sonrisa a los labios por nefasto que sea el momento. Y una sonrisa, sobre todo en un momento de coraje o confusión <u>es</u> una bendición.

I'll be blessed ... y tú también.

Haciendo Nada

Desde un café en la Plaza principal de Cozumel, tuve la oportunidad de observar a un señor que estaba sentado en un banco situado bajo la cresta encendida de un flamboyán.

Su erguida dignidad me provocó envidia. Quizás fue la paz que emanaba su rostro ajado, su postura tranquila o la forma callada en que sus piernas descansaban, una cruzada sobre la otra. Daba la impresión de que no existiese fuerza natural o humana que pudiera derrocar su temple. Sí, envidié la tranquilidad de su espíritu, tan complacido con hacer nada.

Quien tuviera el tiempo, pensé. Pero en realidad no se trata de tenerlo, sino de invertirlo.

Vivimos en una época en la que los avances tecnológicos han elevado a un arte el concepto de estar ocupados. Computadoras, teléfonos celulares y todo tipo de aparato electrónico, nos mantienen conectados con nuestros empleos, amigos y familia en todo momento, aglomerando con información cada fracción de nuestro tiempo.

Muchos caemos en el vicio de querer hacer tan buen uso del tiempo que acabamos derrochándolo con la preocupación perenne de si estamos o no aprovechándolo al máximo. Hay personas que proclaman ser incapaces de relajarse, no sé si con orgullo o con desespero. Personas que según sus propias palabras "no pueden soportar estar sin hacer nada." Y quien lo justifica porque "el tiempo es dinero."

Pero hacer nada es, en realidad, algo muy productivo, que por lo general cuesta poco y tiene un valor incalculable. Muchas veces, hacer nada es lo que nuestro cuerpo y nuestra mente necesitan para sortear nuestros pensamientos y organizar nuestras ideas.

En medio de un día atareado, quince minutos sin hacer nada pueden ser la diferencia entre encontrar la solución a un problema o seguir agobiado. Haciendo nada, alimentamos nuestro espíritu y nos conectamos con el Universo.

Haz una pausa cada día para hacer nada. Siente como el aire que respiras entra y sale de tu cuerpo. Escucha el susurro del viento y siente su pulso en tus venas. Cierra los ojos y abre tu corazón a lo inesperado.

Las respuestas que buscas están suspendidas en esa pausa. Entrégate al momento y descubrirás que siempre has tenido lo que andas buscando.

Descubre que hacer nada no es un derroche -es la mejor inversión que puedes hacer con tu tiempo.

Hoy, en lugar de La Columna, comparto contigo un relato breve que escribí como parte de un taller de escritura creativa en el que participé y que tuve la oportunidad de leer en el Maratón de Lectura que se llevó a cabo en Cozumel hace poco.

Leer mi obra en público fue algo así como desnudarme en la Iglesia. Pero descubrí que lo más importante para mi no fue que mi obra fuera aceptada, sino el haber superado las limitaciones impuestas por mi miedo a ser juzgada o rechazada. Comprendí también, que más me hubiera pesado el no haber aprovechado la oportunidad. ¡Arroja tus limitaciones al viento –vive cada día como si fuera el último!

La Peluca

Se le estaba haciendo tarde. Llevaba más de quince minutos en la búsqueda frenética de la peluca, cuando por fin la encontró debajo del gato.

"Muévete, bestia," le gritó Isabela, jalando la peluca de un tirón; echando a volar el ronroneo del felino.

Con la peluca en una mano y la otra mano en la boca, ahogó otro buche de bilis y en su frustración barrió de un sopetón el contenido del tocador. Los jarros de cremas milagrosas contra la vejez fueron a dar al suelo, junto con su perfume caro, el cepillo que ya no usaba, el reloj *Cartier,* las pastillas para la náusea, el brazalete del hospital oncológico con su nombre en letras de molde y el cabezón de *styrofoam* donde descansaba la peluca cuando no estaba atormentado su cabeza desnuda.

Derrotada, se desplomó sobre la banqueta frente al espejo del tocador, donde sus ojos devolvieron una mirada extenuada. Se había pasado la noche anterior vomitando y ahora esto... ¿Qué iba a hacer con este desorden?

Rescatando el cabezón, acomodó la peluca sobre el mismo. El gato había dejado huellas de su rendez-vous con la peluca.

Enredada en sus hebras sintéticas, había hilos, pelos de gato, pelusa de alfombra... Era una peluca barata, la única que había podido pagar con su salario recortado. Cuando la compró tres años atrás, pensó que sería algo temporero, así que no le dio importancia al estilo y ahora estaba fuera de moda, como el resto de su vida. Estaba desaliñada y había perdido el lustre original con el pesar del tiempo y la enfermedad. Trató de peinarla con desgano, pero no había forma. Era una batalla perdida.

Miró al gato, que ahora se paseaba entre sus piernas –el maldito gato que le regaló su marido para que llenara las horas que él había dejado vacías. "Déjame en paz, Marimba, ya bastante me has atormentado."

Se le estaba haciendo tarde. Quería llegar antes de tiempo a la cita médica.

Pensó en mojar la peluca, pero descartó la idea en el acto.

Terminó de vestirse y una vez más, miró la peluca. Acarició la idea de salir sin ella.

¿Que pasaría si salía de la casa sin ella? ¿Caminaría más lento o más rápido? ¿Se sentiría acaso más liviana? ¿Cambiaría su perspectiva?

Ya no se acordaba de cómo se sentía el viento de otoño en su cabeza, ni como la miraban los demás antes de usarla.

Respiró vorazmente y levantando el mazo postizo del cabezón se lo acomodó en la cabeza sin arte ni rima. Agarró la cartera, las llaves y un libro y salió de su casa.

Estaba aún en el garaje, ajustando el espejo retrovisor, cuando notó que el gato se había salido de la casa. Dio marcha atrás al coche, lo puso en *parking,* se desmontó con coraje y con toda la poca fuerza que le quedaba, se arrebató la peluca y se la arrojó al felino.

"Haz lo que quieras con ella" musitó, dirigiéndose a su destino.

Si La Vida Te Da Limones...

Hubo un tiempo en mi vida en que hacía las cosas apresuradamente y sin pensar en lo que estaba haciendo en el momento. Mientras limpiaba la casa pensaba en lo que tenía pendiente de trabajo, de camino al trabajo pensaba en lo que me gustaría de verdad estar haciendo y no podía dormir pensando en todo lo que me faltaba por hacer. Pensaba que mis responsabilidades eran un obstáculo entre mi tiempo y yo. Una sensación de prisa y ansiedad dominaba todas mis acciones. Veinticuatro horas en el día no eran suficientes para satisfacer mi necesidad de hacer todo y no dejar nada a mitad.

Un buen día, por fin me encontré con tiempo para sentarme a leer un libro. Mientras leía el libro se me antojó una limonada. Aun sin pararme de la silla donde estaba postrada, me encontré calculando obsesivamente cuanto tiempo me iba a tomar hacer la limonada, o sea, ir a la nevera, sacar los limones, cortarlos, exprimirlos, añadir azúcar, hielo y agua, servirme un vaso y volver a sentarme en la silla a leer el libro. Maldije la hora en que sentí sed por la limonada. La condené por metérseme en el medio de vivir, que para mí en este caso era continuar leyendo el libro antes de que llegara o llamara alguien a interrumpirme. Pero la sed pudo más que yo.

La sensación de prisa me acompañó hasta que empecé a exprimir los limones. El olor acre de la fruta se apoderó de mis sentidos y el movimiento casi mecánico de exprimir cada limón y tirar la cáscara a la basura me calmó los nervios. Cuando acabé de hacer la limonada estaba tarareando una canción de Sandro, uno de los ídolos de mi juventud. Recordé las tardes en que ponía sus discos y se me iban las horas cantando e imitándolo sin pensar en lo que tenia que hacer. Aunque no lo parezca, aun en aquel entonces, tenía tantas responsabilidades como ahora, aunque diferentes.

En el transcurso de hacer la limonada dejé de concentrarme en el resultado y comencé a disfrutar el proceso. Fue en ese momento que comprendí que todas y cada una de las "cosas" que uno hace en su vida son una expresión de uno mismo; que cada cosa es parte, de una manera u otra, de la evolución de nuestras vidas personales y del Universo. Que esas responsabilidades que intervienen con mi tiempo son en realidad los retazos que conforman el edredón que es mi vida.

Son cosas que uno lee o escucha a través de su vida, pero pocas veces las practicamos. Vivir el momento es el secreto de la felicidad. Disfrutar el ahora es estar presente en el proceso y confiar en que tarde o temprano, el resultado llega.

Hay un dicho en inglés que dice, *"if life hands you lemons, make lemonade"* – si la vida te da limones, haz limonada. Pero yo te invito a que si la vida no te da limones, los busques y los exprimas, participando en el proceso, gota a gota y limón a limón.

Vive en el momento, no importa cuanto tiempo te tome –el resultado es absolutamente refrescante.

"Para todo hay un tiempo señalado, aun un tiempo para todo asunto bajo los cielos...tiempo de amar y tiempo de aborrecer; tiempo de guerra y tiempo de paz."

Eclesiastés 3:1 y 8

Tiempo de Paz

Una puesta de sol sobre la inmensidad del océano, un velero que vaga en alta mar, una montaña abrigada por la nieve, una pradera salpicada de flores que compiten por la atención del sol, un niño arrodillado frente a un altar, una madre que dormita alimentando a su criatura, las entrañas cavernosas de una antigua catedral... Imágenes que nos provocan paz.

Un soldado herido apretando la foto de sus hijos en la única mano que le queda, un niño que llora junto al cuerpo mutilado de quien fuera su padre, el rostro angustiado de una madre a la que le queda poco por perder, un rostro infantil cubierto de grima y bañado en lágrimas, partes de cuerpos esparcidas sobre el pavimento, sábanas blancas teñidas de sangre... Imágenes que nos usurpan la paz.

El otro día me enviaron una presentación de *power point* con imágenes como las que describo en el párrafo anterior. El mensaje inicial me desafiaba a que las mirara, una tras otra sin hacerle "delete" antes de acabar. El mensaje final me desafiaba a que pasara la presentación a otras personas. Resoluta, acepté el primer reto, pero el segundo no lo pude cumplir.

No tuve el valor de compartir aquellas imágenes que quedaron labradas en mi espíritu con el fierro de la vergüenza. Sí, vergüenza por mi propia apatía, porque esas imágenes son una realidad que muchos descartamos por tratarse de algo que percibimos como remoto y lejano. Imágenes que llegan a nosotros a través de los medios de comunicación y que muchos erradicamos con el simple toque de un botón en el control remoto del televisor o el *mouse* de la computadora, en un esfuerzo inútil por preservar la paz.

Pero la paz no se preserva ignorando la guerra y el sufrimiento de otros. La paz es nuestra responsabilidad moral con la Creación –un derecho de todos, no un privilegio de pocos.

Todo ser humano sueña con la paz. Todos, especialmente aquellos cuyas vidas han sufrido las consecuencias devastadoras de la guerra o la violencia al azar. Muchos pensamos en la paz como un ideal escrito, recitado, cantado y predicado, burlado y admirado a la vez, ridiculizado en su momento, aceptado como una teoría utópica que une y separa a las naciones, un tema de reunión social que se ha discutido en más de un lenguaje a través de muchos milenios; un ideal cuya capitulación descansa sobre los hombros de los gobernantes y líderes del mundo.

Pero la realidad es que la responsabilidad por la paz comienza con nosotros mismos y está en nosotros promoverla en nuestro diario vivir. ¿Cómo? Comenzando con nuestros pensamientos y acciones.

Promueves la paz cuando te detienes a pensar en lo que vas a decir ante lo que percibiste como un insulto, un agravio o una crítica; cuando en lugar de juzgar, te pones en el lugar de otra persona y tratas de ver la vida desde su punto de vista; cuando en lugar de criticar, aceptas que tienes el derecho a no estar de acuerdo con todos, pero que todos tienen el derecho a su opinión; cuando más allá de raza, nacionalidad, género, creencia política, religión u orientación sexual, reconoces el espíritu de otro ser humano como una extensión del tuyo; cuando en lugar de obliterar las imágenes violentas de una guerra lejana, identificas en esos rostros adoloridos miedos e inseguridades que reflejan tus propios sueños e inquietudes y en ese momento, oras por Paz.

No es fácil, requiere mucho esfuerzo y una gran cantidad de energía, pero la forma mas efectiva de cambiar la conciencia de otros, es dando el ejemplo.

Acepta el reto –juntos podemos cambiar la energía del planeta. Por poco que parezca el esfuerzo que hagas, el mismo tiene un gran efecto sobre nuestro mundo.

Aspiremos a que nos una la fuerza de la paz y no la impotencia vergonzosa de la guerra.

Proclama éste y cada momento como tiempo de PAZ.

Más Allá del Domingo de Pascua

Hablando con mis hermanos, todos coincidimos en que lo más que recordamos de *Easter* en nuestra niñez es la actividad de pintar los huevitos.

El domingo de *Easter* es el otrora conocido como el domingo de Pascua o de Pascua Florida. En Puerto Rico y algunos otros países se observa la tradición de pintar huevos como parte de la celebración del domingo de Pascua. Buscando información sobre esta tradición, descubrí que en las antiguas civilizaciones de Egipto y Persia se coloreaban los huevos para representar los vibrantes colores de la primavera. De hecho, muchas de las actividades de la Pascua Florida tienen su origen en festivales y celebraciones asociados con la llegada de la primavera, muchos de origen precristiano y en el ámbito contemporáneo, en muchas religiones Cristianas el huevo es un símbolo de la resurrección.

En casa, en el domingo de Pascua reinaban la anticipación y el caos. Levantados desde tempranito, mis hermanos y yo nos vestíamos con la ropa nueva que mami nos había comprado para la ocasión y nos íbamos todos para la iglesia San Pablo en Puerta de Tierra (Puerto Rico). Justo antes de tomar la curva de la playa del Escambrón, ya cerca de la Iglesia, un fuerte olor a sargazo invadía mis sentidos.

A mi me encantaba ir sentada en la ventana del lado derecho del carro porque desde ahí podía espiar al mar en todo su esplendor. En unos minutos mas estábamos en la iglesia, un edificio gris de altos pilares y puertas de madera macizas que yo me imaginaba que eran como las puertas del cielo. Los ventanales de cristal de colores estaban siempre abiertos de par en par y en la distancia se escuchaba el ruido inquieto del mar que arrullaba mi devaneo la mayoría de los domingos cuando acurrucada junto a mi mamá o mi abuela trataba de seguir los gestos solemnes que hacia el Pastor mientras leía su sermón a la congregación. El domingo de Pascua era uno de los domingos del año en que más gente acudía a la iglesia. De hecho, no todos cabían en los severos bancos de madera que normalmente no se llenaban en otros domingos y desde temprano un comité de feligreses hacia suya la encomienda de poner sillas en todas las áreas vacías de la iglesia para acomodar el exceso.

Al final del servicio muchos se quedaban rezagados, intercambiando saludos y conversaciones con el Pastor y los demás feligreses, *–que grandes están las nenas...hacia tiempo que no te veía... ¿Cómo sigue tu mamá?... lamento mucho lo de tu abuelita... es que es tan difícil salir de la casa temprano con tanto muchacho que vestir y preparar...*–susurros que reverberaban entre aquellas paredes vestidas de salitre.

Después de la Iglesia, íbamos con mis abuelos a comer a un restaurante chino, donde mi plato favorito era el postre –tres galletitas de almendra bien tostadas que compartía a veces con mi papá, ya que los demás preferían las típicas galletitas chinas con el papelito de la fortuna adentro.

Hace muchos años que no voy a la Iglesia San Pablo en Puerta de Tierra y el restaurante chino al que íbamos a almorzar después del servicio de Pascua cerró sus puertas hace tiempo. Pero la celebración del domingo de Pascua sigue viva en mi corazón y su significado ya no se me escapa como cuando era niña.

El domingo de Pascua celebra la resurrección de Jesús al tercer día después de su crucifixión. Muchos pensamos en esto como un evento que sucedió hace miles de años atrás, un milagro único en su clase e incapaz de repetirse, y lo celebramos u observamos con conciencia esta sola vez en el año. No nos damos cuenta que aun en el contexto moderno de nuestras vidas todos somos capaces de crucificar y a todos se nos presenta la oportunidad de resucitar y efectuar milagros a diario.

Crucificas a alguien cuando lo juzgas o lo criticas por no ser como tú quieres o esperas que sea. Cuando acusas injustamente. Cuando no encuentras perdón ni compasión en tu corazón. Cuando no compartes o das lo mejor de ti. Cuando dejas que los celos o la envidia nublen tu capacidad de experimentar alegría por los logros de otros.

Te crucificas cuando dudas de ti mismo, de tu capacidad para sobreponerte o superar la crisis que te tiene agobiado. Cuando te niegas el derecho innato que tienes a ser feliz. Cuando dejas que pensamientos negativos de escasez o enfermedad invadan tu mente. Cuando crees o intentas tener el control sobre todo lo que ocurre a tu alrededor –cuando ignoras el Orden Divino del Universo y el mensaje de resurrección que el Creador nos hace llegar cada día.

Con cada amanecer tenemos la oportunidad de volver a comenzar. Cada minuto nos entrega una página nueva para escribir nuestra vida. Cada momento nos regala la oportunidad de trascender el sufrimiento humano, tanto el ajeno como el nuestro, amando, perdonando, compartiendo, dando, sin prejuicios, sin expectaciones, sin críticas.

Celebra el milagro de la resurrección todos los días. Comparte un poco de ti ya sea en tiempo, dinero o apoyo; recuerda que no hay error tan craso que no pueda perdonarse; no juzgues, ni critiques a otros porque no son como tú esperas; celebra los logros de los demás, agradece tu abundancia aun en tiempos austeros y nunca dudes de tus destrezas o tu capacidad para superar los obstáculos que se te puedan presentar en la vida –dudar de tus habilidades es decirle al Creador que no te gusta el regalo que te ha dado.

¡Que el espíritu del domingo de Pascua te acompañe éste y todos los días!

La Tutu
(Un Llamado a la Luz de la Luna)

Cuenta mi madre que de chiquita contaba yo con un vocabulario muy original. Al alcoholado le decía el atete, al columpio el ate nena y a la luna, la señalaba fascinada y le decía la tutu. Mi fascinación con la luna no ha variado (aunque hoy en día la llamo por su nombre) y no es exclusiva.

La luna ha sido motivo de inspiración para muchos. Hay canciones, poemas, libros, estatuas, estructuras arquitectónicas, pinturas y películas dedicadas a la luna. Como hay también valles, ríos y ciudades que llevan su nombre. Es el astro que mueve las mareas, alborota las pasiones y marca el paso del tiempo en uno de los avanzados calendarios de la civilización Maya.

No ha de ser coincidencia el que haya sido la luna la que inspirara el tema de hoy.

Cuando salí de mi habitación para dirigirme a mi estudio el viernes en la mañana, me encontré sumergida en la luz translúcida de la luna. Al sol le quedaban unos cuarenta y cinco minutos de descanso, así que aproveché el momento para meditar a la luz del satélite natural de la Tierra.

La presencia de ese astro que tendemos a pensar como nocturno era tan imponente, que en lugar de cerrar los ojos para conectarme con mi interior, quedé con los ojos fijos en su cara iluminada.

Con la misma fascinación que capturaba mi imaginación cuando era niña, observé las nubes pasar frente a ella apresuradamente y como, aun asediada por la más oscura de ellas, su resplandor es visible en el firmamento.

Pienso que todos somos como la luna –contamos con una luz eterna que brilla en todo momento, aun cuando no es visible y que así como el resplandor de la luna es el reflejo del sol, el nuestro es un reflejo del Creador. Nuestros pensamientos son como las nubes, unos quizás más oscuros que otros. Y como las nubes que observé esta mañana, en su viaje apresurado pueden a veces inundar nuestra visión con negatividad e igualmente inundar la visión de otros.

Por ejemplo, ¿cuántos de nosotros no nos hemos levantado un día cualquiera con un dolorcito o un malestar al que no le tenemos explicación y en cuestión de horas nos estamos despidiendo de la vida y dictando nuestro último deseo al viento?

¿Y cuántas veces no hemos dictado nuestras propias percepciones negativas sobre el porvenir de otros que se atreven a vivir una vida diferente y perseguir sus sueños?

Igual es nuestra actitud hacia la guerra y el estado de violencia en el que se encuentran tantas naciones del mundo, incluyendo la nuestra –escalamos la montaña del negativismo, justificando lo que sucede como algo que no tiene remedio porque "siempre ha sido así," dando paso a la desesperanza y peor aun, a la apatía.

Recientemente leí que cada uno de nuestros pensamientos, palabras y acciones tienen la capacidad de movernos hacia, o alejarnos de la Luz del Creador. Así mismo, en la medida en que nos acercamos a esa luz, ayudamos **al mundo entero** a moverse hacia ella. *¡Wow, que gran responsabilidad tenemos sobre nuestros hombros!* pensé algo atónita.

¡Esa es la gran conexión que tenemos con el Universo! Somos responsables por su oscuridad y por su resplandor. Y tanto uno como el otro se reflejan en, y son reflejos de la manera en que vivimos nuestras vidas.

Si en lugar de pensar que el inexplicable dolorcito será la causa de nuestra muerte, le damos las gracias por recordarnos la perfección de nuestro cuerpo y por la oportunidad de experimentar el milagro de sanar; si en lugar de criticar al que toma la iniciativa de seguir su sueño, por lejano o imposible que nos parezca, adoptamos su entusiasmo por vivir y seguir su llamado en la vida; si en lugar de pensar que el mundo puede llegar a su final sin que conozcamos la paz total, hacemos un esfuerzo por entender y aceptar las diferencias que nos separan de otras culturas o tradiciones y enviamos pensamientos de paz a nuestro planeta; podemos cumplir con nuestro cometido en la tierra y movernos simultáneamente hacia la Luz.

Usa tus pensamientos para sembrar amor y promover paz, salud y prosperidad. Si consideras que no tienes nada más que ofrecer al mundo, permite que tus pensamientos, palabras y acciones sean tu ofrenda. Comparte esa luz Divina que llevas por dentro y la capacidad de verla en todo lo que te rodea.

Recuerda, como la luna, todos tenemos nuestros ciclos. Unos días brillamos más y otros a medias pero por tenue que sea el resplandor, la luz de la luna puede iluminar la noche más oscura. Y aun en esas noches que no la podemos ver, durante la fase de la Luna Nueva, la *tutu* está directamente en línea con el sol.

Y Esta Navidad,
¿Qué Regalo?

Se acerca la Nochebuena. Cuando yo era chiquitita mi familia celebraba la Nochebuena en casa de mis abuelos paternos. Era una celebración espectacular a la que a veces llegaban personas que veíamos esa sola vez en el año. La casa, que no era tan grande, se agigantaba esa noche para acoger en su seno a todo el que llegaba a su puerta. El árbol de Navidad estaba en el balcón y según llegaban los invitados su falda se iba cubriendo de regalos envueltos de colores como confeti de carnaval.

En la marquesina, arregladas como dominós en su caja, bandeja tras bandeja de arroz con gandules, pasteles, morcillas, pernil, arroz con coco y tembleque embriagaban el ambiente con el olor a sofrito, ajo, clavo y canela. Mientras los adultos intercambiaban historias de lo sucedido durante el año...*a Myrnita se le cayó otro diente... David se cayó en la escuela y se partió un brazo..., por fin pintamos la cocina..., tenemos un carro nuevo...*los niños merodeábamos por la casa a nuestras anchas esperando con ansias la llegada de Santa Claus.

Cerca de la medianoche llegaba él, vestido de rojo, con su barba de algodón y el sombrero de cono con el pompón blanco en la punta. Tras su entrada triunfal, se acomodaba junto al árbol de Navidad y entre canciones y chistes en los que participaban todos los presentes, repartía los regalos. Nadie se quedaba sin regalos. Era un momento mágico que aun conserva su magia en mi memoria.

Desdichadamente, para muchos la magia de la Navidad ha perdido su brillo debido al giro comercial que ha tomado. La

Navidad es una época que aun nos invita a compartir, pero muchos confundimos nuestro afán por compartir con comprar y gastar. ¿Y a quién no le causa estrés en estos días el escuchar estos dos verbos juntos? Sobretodo a aquellos que aparte de las exigencias cotidianas se les suma la tarea de encontrar el regalo ideal para cada persona en su lista. ¿Y qué pasa cuando la intención de regalar y la lista son más abundantes que la cuenta de banco? En lugar de recurrir a tu tarjeta de crédito (lo cual en realidad pospone el estrés hasta enero) recurre a tu imaginación y utiliza tus talentos.

¿Posees una gran habilidad para organizar? Piensa en quien, en tu lista, se podría beneficiar de esto y ofrécele organizarle el closet, el escritorio o el garaje.

¿Te encanta cocinar? Debe haber por lo menos una persona en tu lista a la que le fascina la lasaña, las enchiladas, o los camarones enchilados que tu haces y que él o ella hace tiempo que no come.

¿Trabajar en el jardín es lo que te inspira? Estoy segura que en tu lista hay alguien que lo hace por obligación y que le dará la bienvenida a un fin de semana sin esa tarea.

¿Y qué me dices de la mamá en tu lista que a menudo te confiesa lo ávida que está de tiempo para ella? Ofrécele cuidarle a los niños por un rato y dale el regalo de tener tiempo para sí misma mientras tu disfrutas del regalo de tener niños a tu alrededor.

O invítalos a todos a tu casa a convivir un rato y en lugar de regalarle a cada uno, organiza un intercambio de regalos.

Existe una diferencia entre dar y compartir. Cuando compartes estás dando una parte de ti salpicada con amor. Esa es la magia de la Navidad —compartir amor. Ese es el recuerdo que guardo de la Nochebuena en casa de mis abuelos paternos. Una noche que la magia del amor ha perpetuado en mi memoria. Un recuerdo que no cuesta nada, pero que tiene un valor incalculable.

Esta Navidad, recuerda, sea lo que sea que decidas regalar, comparte un poco de ti con cada regalo.

Regala la magia del amor.

Celebrando la Abundancia

Por años he anticipado la llegada del verano, esa época en la que el tiempo se demora una eternidad en cada minuto, como si el engranaje del reloj estuviese lubricado con melaza. Muchos de los recuerdos de mi niñez son imágenes superpuestas sobre un paisaje de playa en el cuadro ocioso de los meses de verano. El verano que dejé de chuparme el pulgar porque iba a entrar en la escuela; el verano que no fui al campamento de las niñas escuchas porque mami me aseguró que "había que comérselo todo" (y yo era bastante fastidiosa con eso de la comida); el verano que nos mudamos a un nuevo vecindario, obligándome a desarrollar nuevas relaciones y explorar nuevos horizontes; el verano que mi cuerpo comenzó a madurar las semillas de la adultez (el mismo verano que mis padres se separaron)...recuerdos dulces y amargos, enlazados en hebras de arena y sol.

Aun de adulta sigo percibiendo el verano como la cúspide de cada año, anticipando su llegada, añorando su paso lento y pesado y resistiendo su fin como el bebé que resiste el sueño que lo tiene vencido.

Sin embargo, este verano me rindió impotente con su calor infame, dejando el terreno de la inspiración baldío y mi creatividad inerte. De manera que la llegada del mes de septiembre ha sido como el proverbial oasis en el desierto. Con sus brisas frescas y la promesa de otoño, septiembre es preámbulo de celebración y fiesta.

En México, septiembre es conocido como el mes de la Independencia. Aquí en Cozumel, las calles están ataviadas de verde, blanco y rojo, los colores de la bandera mexicana. Una corriente electrizante embriaga el ambiente con la anticipación de las Fiestas Patrias y el orgullo mexicano permea el aire junto con el salitre del mar que nos rodea.

Septiembre es el mes de la siega. En las antiguas sociedades agrícolas, recoger la cosecha era motivo de elaboradas celebraciones y pintorescos rituales cuyo fin primordial era dar gracias al Creador por la abundancia. Con el paso de los años y la rápida evolución industrial y tecnológica que arropó al mundo, muchas de estas tradiciones han quedado semi-olvidadas. Y es una pena, porque considero que celebrar la abundancia debe ser, no solo una tradición anual, sino diaria.

Algunas personas perciben el término abundancia como *tener de sobra*. En ese contexto, celebrar la abundancia puede parecer imposible para muchos, porque la mayoría de nosotros siempre queremos más. El diccionario la define como *gran cantidad*, un término quizás tan subjetivo como la palabra misma.

Estoy segura que has escuchado la frase "tú eres lo que piensas". O sea, que tu forma de pensar se manifiesta en tu vida.

Un cambio tenue en la forma que percibes abundancia puede ser la diferencia entre tomar agua con un gotero o abastecerte directamente de la fuente. Concentrando tu atención en TODO lo que tienes, en lugar de lo que "te falta" creas una realidad de abundancia.

En este mes de la siega, has un esfuerzo conciente por sustituir cada pensamiento de escasez, la frase *no tengo suficiente* y la idea de que *me hace falta* por *abundancia*. Acostúmbrate a pensar y a aceptar que tienes **todo** lo que necesitas en *gran cantidad* y celebra la abundancia de tu cosecha.

Celebra la vida de aquellos que han bendecido la tuya con su amistad y cariño, el empleo que es la fuente de los manjares que pones sobre tu mesa y el techo que te resguarda de los elementos del tiempo. Celebra tu salud y la de los tuyos; la perfección de la creación, de la que eres una parte esencial, única y maravillosa.

Sobretodo, celebra cada experiencia vivida y por vivir, los retos, los sinsabores y las desilusiones, desde el momento mas feliz hasta ese momento que te sentiste vencido por la soledad y el miedo –aun por ese verano que te rindió impotente. Porque es en la abundancia de estos sentimientos que encuentras y defines tu Ser.

Comienza hoy a manifestar abundancia en tu vida. Piensa, agradece en voz alta y celebra concientemente la GRAN CANTIDAD DE TODO con lo que cuentas.

De Hoyo en Hoyo

Esta semana mi esposo y yo estuvimos en San Pedro, Belice. El poblado de San Pedro queda en Ambergris Caye, mejor conocido como *La Isla Bonita,* fuente de inspiración de la canción del mismo nombre de la cantante Madonna.

El adjetivo *bonita* se queda un poco corto en la descripción. San Pedro es una Isla embrujadora y como los ojos de una gitana, exuda una esencia indómita que viene desde adentro. Tiene un aire primitivo y civilizado a la vez y un latido sordo que me hace recordar las treinta y dos pulseras de cobre, plata y oro que lleva mi mamá en el brazo derecho.

El mar en San Pedro no te invita a sumergirte. Te invita a observarlo, a perderte en el ritmo seductor del vaivén de sus olas, que lamen la orilla como un gatito. Es un mar sereno, que a su vez parece observar al cielo, descartando indiferente el constante ir y venir de botes y gente, y la decena de muelles que se extienden sobre él como los dedos de una mano. Es el Mar Caribe, el mismo que arrulla a Cozumel y a Puerto Rico, el eslabón que une mi pasado, mi presente y mi futuro.

Nuestro viaje coincidió con la celebración de la independencia de Belice, de manera que las calles, ricas en color de por sí, lucían con orgullo los colores de la bandera del país: rojo, azul y blanco. En la plaza central se levantaban toldos de *Crystal, Coca-Cola y Belikin* (la cerveza local) y letreros que leían *fi all ah We,* el canto kriol (criollo) a la libertad que significa "para todos nosotros."

La primera vez que estuve en San Pedro quedé encantada con sus calles de arena, donde caminar descalzo era como ir de la mano de la Madre Naturaleza. Esta vez, casi trece años después, nos encontramos con calles pavimentadas y aceras. Pero no todas. La arena de las calles que no lo están, ha sido polinizada por el cemento que arrastran las ruedas de los carros y la lluvia, formando un lodazal grisáceo apto quizás para la alfarería.

Huellas del paso lejano de dos huracanes en dos semanas han dejado su marca, impartiéndole una cualidad celulítica a las calles no pavimentadas de San Pedro. Algunos hoyos son más anchos y profundos que otros, haciendo casi imposible el evadirlos. De manera que hay que meterse de lleno en ellos, sumergiéndose en la incertidumbre que provoca el agua lodosa que los cubre con la fe de que vas a salir del mismo.

De la misma forma que uno trata de evadir un hoyo en la carretera, muchos intentamos evadir conflictos en nuestras vidas. En nombre de la paz y la armonía, muchas veces coartamos nuestros sentimientos con la esperanza de que aquello con lo que no estamos de acuerdo o que no contribuye a nuestra felicidad desaparezca o se arregle por sí mismo, quedando atrapados en un circulo vicioso con una pareja a la que ya no amamos, vendiendo un producto en el que no creemos o estancados en una situación que comenzó con la intención de ayudar y se ha convertido en una carga. Peor aun, a veces nos apartamos de, o alienamos a nuestros seres queridos.

Un conflicto no es necesariamente sinónimo de argumento y guerra. Todo depende de cómo tú te acerques al mismo, algo así como un hoyo. Debajo del lodazal que te impide ver el fondo, están las respuestas y a veces hay que sumergirse de lleno en él para poder seguir adelante.

El conflicto se crea cuando no expresamos nuestros sentimientos; nace de las verdades calladas. Nuestros sentimientos son un reflejo de nuestra verdad. Ojo, porque de igual manera, los sentimientos de los demás son un reflejo de su verdad.

Evitar un conflicto es evitar la verdad y no hay nada más liberador que la misma. Hay quien proclama no decir lo que siente por no herir a otros. Pero la verdad no hiere, lo que puede herir es la forma en que la comunicas.

Para mantener la paz, no hay que evitar conflictos. Para mantener la paz hay que hablar –con amor, compasión y claridad. Considerando en todo momento los sentimientos de los demás, pero haciéndole honor a los tuyos. Comprendiendo de antemano que tu perspectiva y la de los demás no siempre es la misma. Que se puede llegar a un acuerdo sin estar de acuerdo en todo. En el camino de la vida, así como en todas las calles del mundo siempre encontrarás hoyos. La reparación de los hoyos en la carretera depende de otros; resolver los conflictos de tu vida depende de ti.

No le temas al conflicto. Casi ningún hoyo es tan profundo como piensas que es, ni siquiera ése que "amenaza" con tragarte.

Expresa tus sentimientos con amor y compasión por los demás y por ti mismo.

Pavimenta el camino de tu vida con la verdad.

Sin Miedo al Fracaso

Los que me conocen saben la pasión que tengo por mis sobrinos. Y es que con ellos olvido el miedo al fracaso. ¿Has observado alguna vez la cara de un niño cuando se dispone a tratar o hacer algo nuevo? Lo mismo se trate de correr una bicicleta, dar sus primeros pasos o comer solito, el miedo al fracaso no nubla el brillo del entusiasmo y la determinación en su rostro.

Cuando una de mis hermanas me envió una foto de sus dos hijos de cinco y tres años, trepados en lo alto de la copa de un árbol, el corazón se me mudo al esófago. *Dios mío, si se llegan a caer,* pensé con desmayo. Un temor tan real como la sonrisa de triunfo labrada en el semblante de ambos niños.

Estoy segura que ninguno de los dos pensó en la posibilidad de caerse o de fracasar en su intento por conquistar aquel árbol.

No sé a qué edad o en qué etapa de nuestras vidas comenzamos a dudar de nosotros mismos y dejamos que el miedo nos paralice. A unos nos ocurre antes que a otros, y a la mayoría nos ocurre por lo menos una vez.

Hay quienes van por la vida conquistando el miedo al fracaso, gente que se alimenta de ese miedo en lugar de dejarse devorar por él. Yo he tenido la dicha de conocer gente así, como también he conocido a muchos que por miedo al fracaso han dejado sus sueños y aspiraciones rezagados en un cajón junto a la foto de graduación de escuela superior.

Cada acción, sentimiento o cualidad tiene su contrapartida. Sin alegría no hay tristeza, sin amor no hay odio, sin orden no hay caos, sin fe no hay miedo y sin fracaso no hay éxito. Es cuestión de dónde enfocamos nuestra atención. Enfoquémonos entonces en la posibilidad del triunfo. Y no estoy hablando de triunfos profesionales, aunque una promoción o un aumento de salario no dejan de ser triunfos que dan reconocimiento a nuestros esfuerzos como individuos.

Estoy hablando de pequeños triunfos que nos sacan de la rutina y engrandecen el alma, como caminar dos bloques cuando te propusiste hacer ejercicios tras años de una vida sedentaria o tratar una receta nueva a pesar de tu aversión a la cocina.

Estoy hablando del triunfo de tratar algo que quizás siempre has querido, como matricularte en la clase de "quilting", de pintura en acuarela o de cocina japonesa, tomar clases de jazz, flamenco o ballet, aprender a hacer "snow o kite-boarding", comenzar el bosquejo del libro que siempre has querido escribir, o llamar a la Cruz Roja y ofrecerte de voluntario, dar clases de arte en un hogar para personas mayores, cantar al son de un karaoke, sembrar una orquídea, ponerte los patines de tu hija o subirte a un árbol con tus sobrinos.

Estoy hablando de tomar pequeños riesgos que te devuelvan la fe en ti mismo y ubiquen el miedo al fracaso allí donde pertenece: al pie del árbol más alto al que tú te puedas trepar.

Acércate a tu vida con la fe de un niño.

¡Éxito!

Bailando con el Universo

Todo está bien, me escribe mi hermano después de leer una de mis columnas, *pero ¿por qué el Universo si es Dios quien nos provee todo? Todos somos Uno,* le contesto, *Dios, Universo, Tú y Yo. UNO.* Y me pregunto si esa explicación es suficiente. Si él como yo, entiende cuan conectados estamos el uno al otro. Que cada acción y cada decisión que uno toma afecta al mundo que nos rodea y que no importa como se le llame, –Dios, Universo, fuente Divina– existe una fuerza mayor que no te exige, no te juzga, no te critica, y que está en espera de que la reconozcamos, como la flor que yace durmiente dentro de la semilla.

En estos días estuve leyendo la historia de una bailarina sin pierna, una niña que cuenta que cuando se sentaba a orar en la mesa a la hora de la cena, le pedía a Dios que le diera una pierna para ser como los demás niñitos y lograr su sueño de ser bailarina.

Gracias a los avances de la tecnología en el área de la medicina protética y su inmensa fe en Dios y sí misma, hoy en día, la niña ha logrado ambos sueños. Dice Paulo Coelho, escritor brasileño, que cuando quieras algo, lo sueltes al Universo y el Universo confabulará para conseguírtelo.

Tu también puedes lograr tus sueños y alcanzar tus metas. Pero para eso no basta con tener fe en Dios o el Universo, tienes que tener fe en ti mismo.

Creyendo en ti mismo le haces honor a la fuerza Creadora y validas la conexión que tienes con el Universo.

La fe que llevó a esa niña a pedir a Dios que le diera una pierna es la misma fe en sí misma que la impulsó a conquistar el tablado. Lograr su sueño es un motivo de celebración para todos, porque su vida es un ejemplo de cómo puede perseverar el espíritu cuando sueltas el control al Universo. Y su determinación sirve de inspiración y alimenta la esperanza de aquellos que somos menos atrevidos, menos dedicados, y menos crédulos.

Dime, ¿cuándo fue la última vez que bailaste al encontrarte frente a un reto que percibiste como insuperable?

La próxima vez que te sientas hastiado de la rutina diaria, la próxima vez que el cansancio esté por vencer las ganas que tienes de compartir un rato con tus hijos o tus amigos, cuando te encuentres con un problema de salud que no esperabas, cuando la tristeza de haber perdido a un ser querido amenace con aplastarte, cuando la soledad te oprima o la necesidad te desarme, en ese momento en que sientes que el mundo se te viene encima, ese momento en que ves tu sueño cada vez mas lejos, reconoce esa fuerza mayor que llevas por dentro y baila.

Baila, no te quedes sentado.

Recuerda que el Universo, Dios, o como lo quieras llamar, es parte de ti y es tu mejor aliado —no te exige, no te juzga, no te critica y siempre está dispuesto a bailar hasta el amanecer.

Celebrando la Naturaleza

A mi me encanta México. En este país, como en el mío, hay una celebración para todo.

Buscando información en el Internet sobre los hongos, descubrí que en el poblado de Cuajimoloyas, Oaxaca, se celebra anualmente la Feria De Los Hongos. La misma se lleva a cabo en julio para celebrar la gran variedad de hongos y plantas medicinales que abundan en los bosques que rodean el poblado.

Yo crecí rodeada de adornos de hongos ya que mi mamá alimentó su fascinación por ellos con una vasta colección de figuras, pinturas y otros motivos con este tema. Puede ser esa la razón por la que reparo en la presencia de estas pequeñas criaturas y hasta cierto punto comparto la misma fascinación de mi madre por ellas.

Se estima que existen más de un millón de variedades de hongos, aunque solo poco más de setenta mil han sido clasificados por los expertos en la materia. Aparte de los deliciosos champiñones que nos gustan a tantos, hay hongos alucinógenos, hongos venenosos y hongos que se utilizan como levadura para pan, fermento para producir vino y cerveza, para la maduración de quesos y en el control biológico de plagas agrícolas. Además son de enorme utilidad en la medicina y de extrema importancia para el ecosistema ya que su función principal es reciclar la materia orgánica del planeta. Para subsistir, los hongos dependen lo mismo de organismos vivos como de organismos muertos y requieren un cierto nivel de humedad y temperatura que varía de acuerdo a la variedad en cuestión.

Muchos tendemos a pensar que los hongos viven en lugares oscuros, donde apenas les llega la luz, pero yo los he encontrado en el césped, a plena luz del día. Ese fue el caso de seis o siete honguitos que cruzaron mi camino una mañana en la que me estaba sintiendo particularmente miserable con la lluvia y el frío. A simple vista parecían niñas diminutas que corrían bajo la lluvia con sus paraguas. Aun ahora, cuando recuerdo ese instante, me parece escuchar pequeñas pisadas apresuradas marcadas por carcajadas traviesas. Ese día descubrí varios tesoros de la Naturaleza que no hubiera apreciado igual en un día soleado.

Dime, ¿Cuándo fue la última vez que te dejaste sacudir por y celebraste la Naturaleza? ¿Cuándo fue la última vez que dejaste que la lluvia borrara el cansancio de tu rostro? ¿Cuándo fue la última vez que inhalaste la inmensidad del mar en un suspiro de amor, de incertidumbre o de miedo? ¿Cuándo fue la última vez que notaste los escalofríos en la superficie de un lago cuando lo acaricia el viento? ¿Cuándo fue la última vez que, como el gallo, cantaste al amanecer?

A veces estamos tan enfrascados en nuestra rutina diaria que los milagros de la naturaleza pasan desapercibidos. Dejamos que cada aurora se convierta en otra mañana apresurada para llegar al trabajo y perdemos la magia del crepúsculo en nuestro afán por combatir el tráfico de regreso a la casa. Permitimos que sea esa misma rutina que a veces resentimos, pero sin la cual nos creemos incapaces de funcionar, la que defina quienes somos. Y de momento llega un día en que algo o alguien le pone fin a la rutina y nos deslizamos en la oscuridad de la incertidumbre, sin darnos cuenta que es en esa misma oscuridad que residen las esporas de las posibilidades. Que, como los hongos, tu existencia es esencial en el planeta y que existe un plan Divino —un plan infalible que solo espera que le des la oportunidad de manifestarse.

Celebra la Naturaleza todos los días. Déjate conmover por ella. Comparte su sabiduría y no dejes que la oscuridad detenga tu crecimiento.

Empiezo y no Quiero Parar

El otro día tuve la oportunidad de observar a un nene de siete años tomando lecciones de golf. Era una mañana de esas en que el aire estaba tan húmedo que se sentía en la piel como melaza. El calor era tal que daba la impresión de que el mundo se había detenido sobre su eje, frenando el viento y el paso del tiempo. El único movimiento perceptible en aquella mañana sofocante era el bastón de golf del nene, que rebanaba el aire una y otra vez, con el entusiasmo desenfrenado que caracteriza a los niños. Terminada la lección, me le acerqué y le pregunté: "¿Qué sientes cuando le das bien a la pelota?" *Siento como que empiezo y no quiero parar,* me contestó –cada palabra una detonación armónica con el continuo movimiento pendular de su bastón de golf.

Dos minutos más tarde, cuando llegó su mamá a buscarlo, el entusiasmo por el golf fue re-dirigido hacia la próxima actividad en la agenda de ese día: "rock climbing."

Ha de ser esa misma energía la que guió al Creador cuando estaba diseñando el Universo. Es por eso que los árboles, las flores y el césped nunca dejan de crecer, los pájaros no se cansan de volar y las nubes no se quedan en el mismo sitio. Y si esa energía es parte esencial de la Creación, quiere decir que es también una parte esencial de cada ser humano. Algo así como el ADN o la habilidad para respirar.

¿Por qué hay personas que han perdido el entusiasmo por la vida o por alguna parte de la misma?

¿Será que la adultez coarta el entusiasmo por vivir y la energía para seguir adelante? ¿Cómo es que hay personas, sobretodo los niños, que conservan esa pasión por todo lo que hacen? ¿Cuál es el secreto? Los niños se entregan al momento, viviendo en el espacio y no en el tiempo. Ocupando ese espacio a plenitud, poniendo toda su energía en lo que están haciendo ahora, sin preocuparse por ayer o por mañana. En ese espacio no hay lugar para la duda, la incertidumbre o el miedo. Los niños no se detienen a pensar si tendrán o no, energía para continuar –cuentan con ella y punto.

No es un secreto, no se trata de hacer algo y no querer parar, sino de que cuando llegue el momento de parar, uno se entregue a la próxima tarea o actividad con el mismo entusiasmo de un niño.

Cada instante posee su propia energía, cada segundo su propia promesa, cada momento una infinidad de posibilidades maravillosas. No pierdas tiempo pensando que no posees la energía que necesitas para vivir con entusiasmo. Entrégate con pasión a cada actividad en tu vida –aun cuando esa "actividad" sea una siesta, una buena llorada o un ratito apartado para sentirte miserable. No te niegues el placer de sentir cada emoción y emocionarte con la vida.

Ocupa tu espacio y entrégate al momento. Notarás que tienes tiempo para todo y que para todo te sobra energía.

Reconéctate con esa parte esencial de tu ser: una vez empieces a vivir con entusiasmo, no podrás parar...aunque quieras.

Todos Somos Magos

Hace años atrás, en Las Vegas, vi un espectáculo donde los magos/ilusionistas Sigfrid & Roy hicieron desaparecer un elefante de más de dos toneladas que estaba parado sobre una plataforma que me quedaba a pocos metros de donde yo estaba sentada –hecho inexplicable que aun hoy en día cuento con tanto asombro como incredulidad.

La magia es un concepto que secuestra nuestra imaginación. A todos nos intriga, nos mistifica y nos deja perplejos. Cuando presenciamos un acto de magia nos transportamos a un mundo surrealista donde todo es posible por increíble que parezca. ¿Quién, aunque lo haya presenciado varias veces, no se queda atónito ante el viejo truco de sacar una paloma de un sombrero o convertir una bola de papel en una rosa?

La magia es un arte que ha sido cultivado por cientos de años y por cientos de años ha fascinado a multitudes de todas las edades. A través de la historia los magos nos han cautivado con sus hechizos lo mismo en cuentos infantiles como también en leyendas, películas y en la vida real. Muchos de los magos modernos cuentan con estatus de celebridad. Ha de ser por eso que nos conformamos con pensar que para ser mago se requieren dotes especiales con los que solo cuentan unos pocos "escogidos".

En la película Shrek III, presionado a efectuar un acto de magia después de un largo periodo de retiro, el Mago Merlín le dice a Shrek y a sus amigos: "¿Magia, que tal un abrazo? Eso sí que crea magia."

Ah, caray, pensé, *entonces todos somos magos.* ¿Quién no posee la habilidad de dar o recibir un abrazo? Y sin embargo, ¿cuántas veces nos privamos de la magia de un abrazo? Recientemente alguien me comentó que dar o recibir un abrazo le causaba un poco de vergüenza. Es comprensible, pues muchas veces con un abrazo, desnudamos el alma.

Un abrazo es la expresión de todo aquello que no podemos decir, y en ocasiones, revela sentimientos que quizás no estamos preparados para aceptar nosotros mismos y/o compartir con otros. Pero, como bien lo dijo el Mago Merlín, un abrazo es también una de las formas más genuinas de crear magia.

Con un abrazo podemos disolver el yugo del rencor o aliviar la pesada carga de la culpa, amortiguar la ansiedad que causan las despedidas, y enfatizar la euforia del re-encuentro. Un abrazo es la varita mágica que nos ayuda a mitigar la tristeza y el dolor, a intensificar la alegría, curar un malestar o disipar la preocupación. Un abrazo tiene el poder de recordarnos que no estamos solos a pesar de lo solitario que puede a veces ser el planeta en que vivimos y nos rescata de la zozobra a la que a veces nos condenamos nosotros mismos.

Mas allá de crear magia, dar o recibir un abrazo, es compartirla.

No hay mejor momento que el presente para un abrazo. No te prives de darlo o recibirlo. Y si no tienes en este momento a quien abrazar o quien te abrace, abrázate a la vida: camina descalzo sobre el césped recién cortado, abre las ventanas y deja que el verano te arrope con su aliento de dragón, viste tus manos desnudas con un puñado de tierra o arena mojada... siente como el Universo te ciñe entre sus brazos con cada flor y cada piedra que arroja en tu camino.

Dale rienda suelta a tus poderes mágicos. Comparte la magia de un abrazo y no dudes ni por un instante que todos somos magos.

Desde mi Balcón

Casi todas las mañanas, cuando salgo al balcón, me encuentro con la coronilla del sol apenas comenzando a asomarse tras los techos del vecindario, sus rayos entretejidos en las nubes de la aurora como hilos de filigrana en motas de algodón. Muchas veces comento en voz alta, más para mi misma que para mi audiencia (mi esposo), lo maravilloso que ha de verse el amanecer en el lado Este de la Isla, donde mar y cielo se confunden en una danza eufórica sobre la línea infinita del horizonte.

Al parecer, repetí el comentario lo suficiente como para que se arraigara en el subconsciente de mi marido, quien casi inadvertidamente, dijo un día "pues vamos." Aprovechando la oportunidad, me apresuré a poner fecha y hora. Fue así como el sábado pasado, nos encontramos al otro lado de la isla, toallas de playa y café en mano, a las cinco y media de la mañana...

La experiencia no fue en lo absoluto como lo había anticipado.

El mar, por lo regular agitado por el viento que suele azotar a este lado de la Isla, estaba en callado reposo, dormitando a la luz tenue de la luna menguante. Y los mosquitos, aprovechando la ausencia de la fuerza magnánima del viento, habían reclamado la playa, obligándonos a esperar el despunte de la aurora encerrados en el coche.

Media hora más tarde los mosquitos habían descubierto la forma de entrar en el coche, el café se había terminado y las toallas de playa resultaron ser un débil escudo contra el insectil ataque. Como si fuera poco, una nube monstruosa se apoderó del paisaje y lo único que alcanzamos a ver del tan esperado amanecer fue un trazo anémico que apenas llegó a expresarse. Como diríamos en mi tierra (Puerto Rico), esa mañana el amanecer fue un *aguaje*. Carcomidos por los mosquitos y presos del hambre, regresamos a casa con la idea de tomar desayuno en el balcón. Cual sería nuestra sorpresa, cuando al salir al mismo nos encontramos de frente con el sol, brillando en todo su esplendor.

A veces viajamos largas distancias buscando lo que ya tenemos. Muchos vivimos en la búsqueda constante de la felicidad, asignando ese valor intangible a un vestido de diseñador, un carro nuevo, una cocina más moderna, un nuevo juego de bastones de golf, un viaje al extranjero, un romance, o la perfección subjetiva de la cirugía plástica.

Yo, por ejemplo, viajé al otro lado de la isla buscando lo que el Universo me regala justo aquí en mi casa cada mañana. Lo cual suscita una pregunta que no solo quiero compartir contigo, sino que quiero que te cuestiones de vez en cuando: ¿Cuántos otros regalos del Universo estoy dejando pasar desapercibidos por estar buscando en otro lugar lo que tengo a mi alcance?

No dejes de perseguir un llamado del alma, ya sea presenciar el alba a la orilla del mar o tomar tiempo para ti mismo para decidir que quieres y esperas del resto de tu vida. Pero no por ello dejes de disfrutar los regalos maravillosos que te presenta el Universo a diario, ahí mismo en tu casa, en tus alrededores o por dentro.

Disfruta lo que tienes, quien eres y donde estás —en el momento.

Libélulas en el Viento

Si les comento que la semana anterior estuvo "de película" no exagero. Cuando uno enfoca toda su energía en sus problemas, la vida adquiere una cualidad melodramática. Gracias a Dios, esos días pasan, el río vuelve a su cauce, las mareas se calman y en lugar de ver la realidad a través de pliegues de celuloide, uno vuelve a ver el mundo como lo que es: un maravilloso rompecabezas en el que cada pieza esconde un tesoro.

¿Alguien ha notado como se anuncia la primavera? No se si será un fenómeno meteorológico confirmado, pero desde que yo me acuerdo, fuertes ventoleras preceden su llegada, haciendo vibrar los árboles con la misma anticipación que sienten las reinas de carnaval la noche antes del gran desfile.

Fue precisamente en uno de esos días ventosos que fui testigo de un fascinante espectáculo de la naturaleza —libélulas, cientos de ellas, suspendidas en el viento. Y no estoy hablando de una brisa de mar en una tarde de verano, estoy hablando de ráfagas de viento que a su paso desprendieron ramas de árboles, secuestraron sombreros y echaron a rodar mis páginas por inesperados senderos.

Cómo, me pregunté sin poder salir de mi asombro, *¿Cómo un insecto tan pequeño y al parecer tan frágil, puede mantenerse prácticamente inerte ante la fuerza de este viento arrollador que hasta a mí me tiene perturbada?*

Presa aun del momento, llegué a casa a leer sobre la libélula. En mi investigación descubrí que a pesar de la quietud que inspiraba su cuerpo suspendido en el viento, este insecto, considerado el insecto volador más rápido del mundo, para mantener tal quietud estaba sumergido en una vorágine.

Con dos pares de alas que actúan por separado para controlar la velocidad, aun durante ese interludio que capturó mi curiosidad, la libélula está atrapando insectos y literalmente pendiente de todo lo que ocurre a su alrededor, gracias a ojos que tienen un campo de visión de trescientos sesenta grados. En algunas culturas europeas, las libélulas son percibidas como siniestras. En el folclor rumano, se cuenta que la libélula fue una vez un caballo poseído por el diablo, y en el sueco se dice que el diablo usa las libélulas para pesar el alma de las personas. En Inglaterra se le conoce popularmente como "devil's needle" o aguja del diablo. Sin embargo, en muchas culturas indígenas, la libélula simboliza desde agua pura hasta ligereza y actividad y en Japón son símbolos de fuerza, valor y felicidad.

Sea símbolo del bien o del mal, al tratarse de las libélulas, una característica en común sobresale: estos pequeños insectos poseen una fuerza interna de legendaria magnitud. Prueba de que las apariencias engañan.

No hay que ser grande para ser imponente. No hay que estar moviéndose de un lado a otro para lograr resultados. Pero sí es necesario mantener mente y corazón bien abiertos para recibir los tesoros y enseñanzas que habitan en cada experiencia, sobretodo en esos días "de película".

Y cuando fuerzas externas amenacen con derrocar tu paz, has como la libélula, suspéndete en su energía –no olvides que tras los vientos impetuosos del invierno, llega la primavera.

Huellas de un Cuento Infantil

Tendría yo seis o siete años cuando leí El Geniecillo Alegre. Se trataba de una muchacha que tenía la cualidad "mágica" de impartir alegría por doquier. Aparte del título, esa característica del personaje principal es lo único que recuerdo del cuento, porque en mi ingenua sensibilidad de niña pensé que ése era un atributo de fantasía.

Poco antes de que el Huracán Wilma arremetiera contra la isla de Cozumel, yo había viajado a Texas a visitar a mis hermanas. Días antes de mi partida había soñado que la casa donde vivo en Cozumel se había inundado como resultado de una lluvia salvaje que amenazaba con tumbar los cimientos de nuestro hogar. Llegado el día del viaje, me fuí con el corazón aprisionado por sentimientos conflictivos. Por un lado, estaba loca por reunirme en Texas con mis hermanas y mi madre, por el otro, deploraba la idea de dejar a mi marido y mi hogar en la Isla.

Wilma se convirtió en huracán de la noche a la mañana, limitando mi oportunidad de regresar a la isla antes de que "ella" llegara. La palabra angustia se queda corta en describir lo que sentí durante las cincuenta y seis horas que estuvo el huracán sobre Cozumel. Durante esas horas y los días que siguieron experimenté una amalgama de sentimientos que culminaron en la culpa. Me sentía culpable porque no me tocó a mí vivir la experiencia de semejante fenómeno con mi gente en la Isla. No podía entender porque había sido yo exonerada; peor aun, pensaba que no merecía tal privilegio mientras tantas personas queridas sufrían los estragos que había dejado el paso del huracán. Un sentimiento de impotencia se unió a la realidad de estar varada en

Texas sin saber por cuanto tiempo. Si algo me ayudó a mantener mi sanidad mental en los veinticinco días que estuve en Texas, fue la convicción de que existe un Orden Divino en el mundo y de que todo ocurre por una buena razón.

Recientemente una de mis hermanas me comentó como mi forzada estadía en Texas la había ayudado a superar su depresión. "Llegar a casa y encontrarla limpia, con las ventanas y las cortinas abiertas me fue alegrando el corazón y me devolvió la esperanza," me dijo ella casi casualmente. Durante el tiempo que estuve en su casa, tanto para reciprocar su hospitalidad, como para mantenerme ocupada, le eché una mano con los quehaceres del hogar. Parte de mi rutina diaria, aun hoy, incluye abrir las cortinas y las ventanas para que "entre la gracia de Dios", una costumbre heredada de mi abuela.

¿Cuántas veces hacemos algo por costumbre sin percatarnos del impacto que puede tener en el mundo que nos rodea? ¿Cuántas otras nos sumergimos en el remolino de nuestros sentimientos sin tomar en consideración los sentimientos de otros? Yo no estaba al tanto del estado de ánimo de mi hermana, y sin proponérmelo, con gestos tan sencillos como abrir las ventanas y darle una mano con las tareas del hogar, la ayudé a sobrellevarlo.

Si aun en lo que consideramos un mal momento, enfocamos nuestra energía en ayudar a los demás, podemos manifestar la misma cualidad de fantasía del geniecillo alegre en nuestra realidad.

Échale una mano a tu compañera de trabajo con esa pesada tarea que la tiene agobiada, llama a tu hermano y dile que extrañas platicar con él, sonríe y deséale un buen día a la cajera del supermercado y dale las gracias al policía que dirige el tránsito en la esquina.

Abre las ventanas y las cortinas de tu corazón —activa la fantasía en tu vida.

Estampas en Bicicleta

Salgo de casa a medio sol –una nube tan negra como los corajes que recuerdo le daban a mi padre cuando yo era niña, amenaza con cambiar el matiz de este hermoso domingo. Voy para la playa en bicicleta. *Si llueve de aquí a allá, me doy el gusto,* pienso, dándole la bienvenida a otra bendición de la Naturaleza. Las calles del vecindario están despejadas. Una melodía a un volumen de concierto al aire libre fluye desde un hogar, tiñendo con su ritmo la morosidad del día. Uno que otro taxista me pasa, acelerando al pasarme, queriendo dejar atrás el estorbo en el camino que represento en su paso apresurado para llegar a su destino.

El área del Centro está un poco más animada. En el café frente al Muelle Fiscal unos cuantos turistas disfrutan lo que queda de la mañana entre sorbos de café, cerveza y tragos servidos en copas en las que se podría ahogar una ardilla, la vista perdida en el azul increíble del mar que nos rodea, como queriendo grabarse el paisaje en la retina. Más allá paso a un señor cuyos ojos me recuerdan a un pájaro. Su amplia sonrisa revela enormes dientes inferiores que compensan la ausencia de los dientes superiores.

Cerca de la base aérea se oye el bullicio de los bañistas que se acumulan como hormigas en la playa de esta zona los fines de semana y que me hace pensar en los días de playa de mi juventud en Isla Verde, Puerto Rico. Siento los labios ardientes del sol sobre mi piel –tan hambriento de besarme como estoy yo de que me bese. Una brisa perezosa me riega el sudor por la cara. Detrás de mí oigo voces que se acercan y me pasan como el viento, a la velocidad de una Vespa: dos adultos y dos niños, uno al frente, el otro entre los dos adultos, todos con sus cascos de seguridad, parloteando alegremente.

Al pasar el letrero de la entrada del Rancho, mi mente suspira, *ah, que lugar divino para vivir, un rancho y al cruzar, la playa.* Solo lo he visto una vez. Un sábado, después de la caminata matutina con Smoky (mi perrito), guiada por la curiosidad, entré a ver el Rancho. Llegué tan lejos como pude, hasta encontrarme con un letrero con la advertencia, NO PASE, que me cortó la vena de aventurera que bombeaba la sangre a mi corazón esa mañana. Pero me detuve allí un ratito para respirar la paz que emanaba del césped cortadito al ras, las flores que bordeaban la piscina, los flamboyanes agradeciendo a la Creación su belleza... todo eso rodeando una casa también impecable, tan invitadora como inaccesible.

Con esa visión, me di la vuelta y me regresé por donde vine —un camino de arena dura y fango que seguramente se desangra cuando llueve.

Hoy al pasar por la entrada otra vez, pensé que el lugar sería una buena sede para desarrollar la historia de una muerte por cocodrilo. No sé si hay cocodrilos en el Rancho, pero la verdad es que de pensarlo aprecio aun más el lugar donde vivo —lejos de cocodrilos y sin necesidad de tener letreros que dicen NO PASE.

Del otro lado de la carretera yace una casa grande, con canchas de tenis siempre desiertas, posada a la orilla del mar como las joyas de la Corona Real. Una casa bella, con un muelle que se extiende hacia el mar como el brazo de un gitano, desde un jardín inmaculado. A ese jardín también he entrado, invitada por el cuidador y su perro, que se lleva muy bien con el mío.

Tres o cuatro personas se acercan caminando a pasos marcados y ligeros, aprovechando cada uno para quemar más calorías. Una de ellas es una mujer joven, con labios de colágeno demarcados con delineador permanente tatuado en un color mate que contrasta con el tono perlado del color de lápiz labial que lleva puesto.

Dos coches más me pasan, esta vez a velocidad de *Derby*. ¿Por qué tan apresurados? ¿A dónde piensan llegar? ¿Cuál es la prisa si en pocos metros la carretera se acaba? Pero no los culpo. Mi esposo también acelera en este tramo. Y es que para eso se presta: carretera ancha, bien nivelada, pavimentada y sin hoyos –una de las pocas oportunidades que tenemos de experimentar el acelere en una isla donde el tiempo a veces se detiene.

Casi llegando a donde voy, veo a un señor parado a la orilla de la carretera, ojos fijos en el matorral. Noto como me mira de reojo y casi con premura vuelve a fijar la mirada donde estaba antes. Me pregunto qué mira y mi imaginación se vuelve loca contestándome: un   cocodrilo (¡otra vez –que fijación mental tengo con esas bestias!), un muerto, algún paisano orinando... *apúrate que viene alguien,* me parece oírlo susurrar. Ya más cerca, me percato de que en ambas manos tiene las asas de una carretilla llena de rocas y con un gesto que contrae toda su silueta, la levanta hacia arriba, vertiendo el contenido en el matorral.

Divertida con mi imaginación, doy vuelta hacia mi destino, uno de los hoteles de la Zona Hotelera Norte donde suelo ir a nadar. Me deslizo por la entrada, triunfal, como si fuera Lance Armstrong reclamando una vez más el primer lugar del *Tour De France*. Y es que yo también he alcanzado mi meta. Vivo, Amo, Escribo... ¡Gracias, Dios!

Y tú, ¿le has dado gracias a Dios hoy por el momento que vives?

Ni Flor, ni Enredadera

Esta mañana, paseando por mi jardín, mis ojos se posaron sobre la planta misteriosa. Es una de las plantas más caras en mi jardín. Se la compré a una señora que no conozco, a instancias de otra que conozco poco, porque sentí el deseo de ayudarlas a las dos y me dejé llevar por la promesa de "una flor morada que crece como enredadera."

El caso es que la planta es un misterio. Nadie sabe cómo se llama y yo no he visto nada parecido en ninguno de los viveros de la Isla. Cuando la compré, medía cerca de veinte centímetros, ahora llega al tope de la escalera del segundo piso. Ha crecido erguida, robusta y con buen color, pero de flores, nada, y de enredadera, menos.

La mayoría de las veces que paseo por mi jardín intercambiando energía con mis plantas, la ignoro, pero esta mañana me llamó la atención. Quizás haya sido la profunda dignidad que emana, creciendo derechita y sin ornamentos, entre tanta flor presumida y coqueta. Así que me senté en el escalón más cercano a ella a observarla y la verdad es que con toda su modesta sencillez, es hermosa.

Esta planta me hizo pensar en cuantas veces ignoramos y hasta rechazamos a una persona porque su manera de ser, pensar, o comportarse, no se conforma a nuestros estándares o expectativas. Y lo triste es que la mayoría de las veces no nos damos cuenta de lo que estamos haciendo.

Piensa, por ejemplo, en la última vez que viste a una persona pidiendo dinero en la calle. ¿Qué hiciste?

Todos reaccionamos de manera diferente. Algunos estiran la mano y les dan unos pesos, otros miran a través de ellos, como si no existieran, mientras otros miran hacia el otro lado intentando ignorar una realidad que a unos les provoca pena, a otros miedo y a otros quizás vergüenza ajena. Son muy pocos los que prestan un poco de atención genuina a estos seres a los que la sociedad ha amontonado bajo el título de destituidos o "homeless" y que la mayoría de nosotros no consideramos como "iguales" y por lo tanto, conscientes o no de lo que estamos haciendo, los rechazamos.

Los rechazamos porque no cumplen con las expectativas que tenemos de cada ser humano, así como a veces discriminamos contra miembros de nuestra propia familia porque su forma de vida no encaja con la nuestra, contra un compañero o una compañera de trabajo porque tiene aspiraciones diferentes a las nuestras, o contra la persona que exhibe sus preferencias religiosas de una manera muy étnica.

Se nos olvida que tanto esa persona "homeless", como el familiar, el compañero o la compañera de trabajo y el desconocido en la calle, tienen más en común con nosotros de lo que pensamos.

Todos somos espíritus viviendo experiencias humanas e independientemente de las circunstancias que han llevado a esas personas a donde están ahora, todas tienen nombre y apellido y como tu, a veces sueñan despiertos y a menudo esconden sus temores en el sueño. De manera que ignorando su existencia, ignoramos la nuestra.

Todos sentimos en algún momento de nuestras vidas la presión de encajar con las expectativas que percibimos que otros tienen de nosotros y todos luchamos por mantener nuestra identidad propia a pesar de las demandas que impone la sociedad.

La próxima vez que te sientas inclinado a rechazar a una persona porque no es como tu esperas, detente y obsérvala. No escondas, ni desvíes la mirada. Mírala a los ojos. Reconoce que tú eres el reflejo de lo que ves en ellos.

Vive y crece como la planta misteriosa –erguida, emanando dignidad y reconociendo la de otros, sin dejar que tus alrededores dicten como debes ser.

Recuerda que, aunque no cumpla con la promesa de una flor, no solo son las hojas y el tronco lo que definen una planta, sino la pura esencia de su existencia.

¡No, No y No!

Todos los días, a eso de las 5:10 AM, salgo de mi casa en bicicleta, sin rumbo fijo. Es una hora de ejercicio y comunión con el Universo.

Algunas mañanas me acompaña la luna y todos los días el mar me saluda con su delicioso vaivén.

A mi paso, la ropa tendida en los techos del vecindario, late con la fuerza de la vida, el gallo anuncia las bendiciones del día, y el viento limpia los residuos de sueño que aun yacen suspendidos en mi rostro.

De vez en cuando, uno que otro perro me arrebata de mi ensueño al salir disparado del rincón menos esperado, ladrando como energúmeno, provocando en mi corazón latidos sísmicos aun no concebidos en la escala *Richter*.

De pequeña, tuve el infortunio de ser mordida por un perro mientras corría bicicleta. No es un recuerdo grato y aun hoy en día, cuando voy en mi bicicleta y veo un perro en la carretera, trato de desviarme, buscando a veces con un poco de desespero, una ruta alterna. Pero no siempre es posible. Además, en esta Isla hay perros por donde quiera, así que a veces la ruta alterna resulta ser igual o peor que la primera.

Tener un perrito propio ha sido instrumental en enfrentarme a este miedo, ya que cuando salimos a caminar, nunca falta un perro callejero que se nos quiera acercar —algunos de ellos sin intenciones amistosas. La persona que entrenó a mi perrito me enseñó que en casos como ése, me debo parar en alto y con fuerza e intención pronunciar un NO visceral que aplaque las intenciones del otro perro demostrándole quien, en realidad, está a cargo de la situación (yo). Hasta ahora, esa táctica no ha fallado –al menos cuando ando a pie. En la bicicleta, la cosa cambia un poco. Cuando la visión del inocente perrito que se acerca se torna en bestia indómita que amenaza con arremeter contra mi pierna y mi balance, me encomiendo a mi ángel guardián, grito un NO visceral y trepo las piernas en el manubrio confiando en que el perro se canse de perseguirme antes de que la bici pierda *momentum*. Pero ya no busco ruta alterna. Ahora me enfrento a mi miedo, pensando a veces que lo peor que puede pasar es que el perro me alcance y me muerda…otra visita a otro hospital, otra inyección contra el tétano… ¿y si me tumba de la bicicleta y me mastica como chicle?... ¡NO!

¡NO, NO y NO! Esa es mi respuesta al miedo y a los pensamientos negativos que el mismo siempre provoca.

Y es la respuesta que te invito a ti a repetir una y otra vez, cuando el miedo te paralice o te instigue a buscar una ruta alterna en el camino hacia el logro de tu sueño, a alcanzar tus metas o romper con hábitos y patrones que ya no sirven su propósito.

Dile NO a todo eso que te limita –a todos los límites y obstáculos que te impones por miedo a lo desconocido. ¿No se te ha ocurrido pensar que para llegar hasta donde has llegado tampoco conocías bien el camino y lo que te ibas a encontrar a lo largo del mismo? ¡Y mira donde estás ahora!

Tú estás al timón de tu destino. Con o sin rumbo fijo, te vas a encontrar bestias y te vas a encontrar criaturas inocentes. No dejes que su reacción te desvíe del camino. Concéntrate en como **tú** reaccionas hacia ellas.

Y cuando el miedo amenace con derrocar el balance de tu estado mental, dile un ¡NO! visceral, trepa las piernas, y confía en que el impulso que llevas te ayudará a pasar por ese momento.

Encontrarse Perdido

Este fin de semana fui a ver la tercera parte de "Piratas Del Caribe", la secuela de las desventuras y peripecias del vertiginoso Capitán Jack Sparrow y sus secuaces.

En una parte de la película, avanzando a toda vela y a punto de descender en las garras burbujeantes del océano en el confín del mundo, el Pirata Capitán Barbossa, al mando del barco Perla Negra, declara: "Ahora sí estamos perdidos."

Al percatarse de los rostros y los comentarios despavoridos de la tripulación, Barbossa añade que solo estando bien perdido puede uno descubrir los lugares que no se pueden encontrar.

Esto resonó en mi alma, pues la falta crasa de mi sentido de dirección disfruta de notoriedad entre mis familiares y amigos. Los cuentos de mis "perdidas" son interminables y han servido de entretenimiento en más de una reunión social. Hay quien ha comentado que me pierdo hasta en mi casa –comentario que no afirmo, ni niego.

De todos esos momentos memorables, frustrantes en su mayoría, en los que me he encontrado perdida, hay uno en particular que sobresale.

Viviendo en San Antonio, Texas, una noche, regresando de una actividad del trabajo hacia mi casa, me encontré en un área de la ciudad famosa por la violencia rampante que acecha sus calles. En un carro nuevo con placas de cartón, sola y totalmente desorientada, no me atreví a detenerme a pedir direcciones. En lugar de ello, me dediqué a dar vuelta en cada esquina que me parecía correcta, adentrándome más y más en un laberinto de pánico que amenazaba con dejarme sin oxígeno.

En aquel entonces, los teléfonos celulares eran un lujo. Presa del pánico comencé a balbucear en voz alta, reprochándole al Universo y a lo que fuera que me quisiera oír "allá fuera" el defecto de fábrica del que había sido víctima desde mi nacimiento –la falta del sentido de dirección. Entre lágrimas, llegué a la conclusión de que el predicamento en el que me encontraba era solo un reflejo de mi vida: siempre tomando el camino equivocado en lugar del camino directo para llegar a donde quiero llegar.

No sé en qué punto de mi histeria fatal, llegué a una intersección, donde por fin me encaminé en la dirección correcta, llegando a mi casa dos horas mas tarde de lo que hubiera llegado si hubiera tomado el camino correcto.

Ahora, tantos años más tarde, un pirata de película me hace comprender que lejos de ser un "defecto de fábrica," mi falta de sentido de dirección es un exclusivo diseño de manufactura. Y tengo que estar de acuerdo, porque de no ser por la frustración y el pánico que he experimentado tantas veces al perderme, no hubiera encontrado ese lugar dentro de mí donde yace la paz de saber que no importa donde esté, no estoy sola y que aunque no sepa que dirección tomar, ni que me espera, siempre existe la certeza de que voy a encontrar el camino hacia donde quiero llegar.

Todos podemos llegar a ese lugar, reconociendo que lo importante no es tomar el camino mas directo, sino descubrir lo que hay escondido en el camino.

La próxima vez que te encuentres perdido, ten plena confianza de que el camino que has tomado es el camino perfecto para descubrir las maravillas que tiene deparadas para ti el Universo.

Suelta el timón y no temas *encontrarte* perdido.

¡Presente!

Hablando con un Profesional de golf recientemente, éste me explicaba que la mayoría de los jugadores aficionados al deporte se dejan intimidar por el esquema del campo de golf.

"El problema es que cuando se paran en el "tee" de salida (el área desde donde se inicia el juego para cada hoyo), tienden a concentrarse en los obstáculos," me explicaba el Pro. Aunque no lo parezca, un campo de golf, con sus hermosos parajes y jardines paradisíacos es un conglomerado de obstáculos. Los obstáculos son parte integral del diseño. De hecho, el valor relativo de un campo de golf es determinado por el grado de dificultad que el mismo presenta para un jugador aficionado. Dentro de la evaluación se toman en cuenta diez categorías, entre ellas el efecto psicológico que puedan tener los obstáculos sobre el jugador.

Lo que distingue a un buen jugador de golf de un jugador promedio es su capacidad de ver más allá de los obstáculos.

En el juego de golf, como en el juego de la vida, hay jugadores profesionales y aficionados. La diferencia estriba en su habilidad para trascender los obstáculos del juego. El denominador común es que todos aman el juego y todos se presentan a jugar, no importa cuan intimidantes puedan ser los obstáculos.

Sin embargo, en el gran esquema de la vida, muchas personas tienden a ver los obstáculos como barreras intransitables. Son ésos que al enfrentarse a una montaña piensan quizás en el tiempo que les ha de tomar subirla, cuanta energía han de gastar haciéndolo y, si al fin y al cabo, valdrá la pena intentarlo. Son personas que se dan por vencidas antes de comenzar y luego le echan la culpa a la montaña por el estado de insatisfacción que experimentan en sus vidas.

Cada uno de nosotros es el arquitecto de nuestras vidas. El Universo nos ha equipado a todos por igual para diseñar nuestro esquema. Los obstáculos son parte del plano, así como el compás interno que todos poseemos para navegar a través de los mismos.

Cada obstáculo nos brinda la oportunidad de descubrir y utilizar nuestra fuerza interna y crecer espiritualmente. Sin obstáculos no podríamos definir nuestras debilidades, edificar nuestras virtudes, identificar y derribar nuestras limitaciones, ni superar nuestros miedos. En otras palabras, una vida sin obstáculos no sería una vida completa.

Así que dime tu, ¿qué ves cuando te paras frente al gran esquema de tu vida? ¿Ves montañas intransitables o la oportunidad de escalar hasta la cima y celebrar desde allí cuánto más cerca estás del cielo?

Recuerda que cada momento está cargado de posibilidades maravillosas, así como cada obstáculo trae consigo un sinfín de oportunidades para crecer. Preséntate cada día al juego de tu vida.

Escala tu montaña, inscríbete en la clase de "sky diving", vence el miedo a volar, actualiza tu resumé, vuelve a la escuela, dedica un par de horas a la semana al hogar de víctimas de violencia doméstica, comparte tu historia, pídele perdón a ese ser querido que has herido y perdona al que te lastimó, levántate con entusiasmo todos los días–AMA la vida, y no olvides que juegues bien o juegues mal, al estar presente, ya has ganado.

En la Cueva del Cangrejo...

¿Alguna vez has observado a un cangrejito cavar su cueva en la arena? Entra, recoge arena, sale, la saca, entra, recoge arena, sale, la saca y así repite y repite hasta que la acaba. A veces en el proceso, sube la marea, el mar le inunda la cueva, y el cangrejo vuelve a empezar.

Yo no se tú, pero yo he pasado por periodos en mi vida en los que me siento como el cangrejito de playa y sé de algunas personas que, hoy por hoy, pasan sus días como el cangrejo, repitiendo patrones y comportamientos sin detenerse a cuestionar por qué a veces se les llena de agua la cueva. Se levantan todos los días a la misma hora, toman la misma ruta para llegar al trabajo y se sientan frente al escritorio, ya sea en una oficina o en un salón lleno de niños, frente a un cliente, en un banco o en un restaurante, en la gasolinera o en el peaje, con la misma actitud de ayer.

Y mientras hay quien trae consigo una explosión de entusiasmo que otros adoran, aborrecen o envidian, otros cargan sobre sus hombros el peso de un mundo que perciben como injusto y no esperan que nada cambie. De hecho, cuando se les pregunta que hay de nuevo, contestan con el entusiasmo de un ladrillo, lo mismo de todos los días.

Pero no todos los días son lo mismo. Si bien es cierto que cada día tiene un amanecer y un anochecer, también es cierto que entre cada salida y puesta de sol existen un sinnúmero de posibilidades maravillosas para salir de la rutina, cambiar un patrón o modificar un comportamiento que no está contribuyendo a tu felicidad y por ende a la de otros.

Yo por ejemplo, cuando me encuentro en esos periodos de tiempo en que cada día es una copia de otro, comienzo por hacer cambios sutiles en mi rutina, como levantarme más temprano y hacerme un buen desayuno, con flores y velas sobre la mesa. Tú también puedes hacer lo mismo. Comienza por hacer cambios simples. En lugar de levantarte a la misma hora todos los días, hazlo media hora antes. Sal al balcón o al jardín de tu casa o simplemente asómate por la ventana y observa el mundo a tu alrededor. Escucha a los pájaros, sigue con la mirada el vuelo de una mariposa, concéntrate en el ladrido de un perro lejano, siente el ritmo del Universo latir en tu corazón.

Quizás este tiempo extra te dé para hacer un desayuno un poco más elaborado que el plato de cereal que siempre te desayunas. O quizás puedas utilizar estos minutos para podar la plantita del jardín que clama por tu atención, escribirle una carta a tu hijo o a tu abuela, o bosquejar ese proyecto que has pospuesto tantas veces.

A la hora de vestirte para ir a trabajar, ponte la camisa de colores vivos que lleva tantos meses colgada en el closet o decide quien le puede sacar más provecho y regálasela a esa persona. Atrévete a salir a la calle con el pelo mojado, anticipando lo bello que te va a quedar al secarse al aire libre, toma una ruta diferente para llegar al trabajo, pon una flor sobre tu escritorio, sal a caminar a la hora del almuerzo, para en un parque y mécete en un columpio, organiza un picnic para la cena en medio de la sala y apaga el televisor mientras comes.

Un cambio en tu rutina, por insignificante que parezca, inyecta un poco de emoción a tus días y es probable que esa misma emoción te lleve a ver que otras áreas de tu vida necesitan un ajuste.

Quizás no estas contento con tu imagen. ¿Has considerado revisar tu dieta o hacer ejercicios? Quizás lo que te tiene un poco deprimido es no saber hacia donde se dirige tu vida en general. Ve a la biblioteca y saca un libro de auto-ayuda o habla con alguien a quien admiras por haber alcanzado sus metas y pídele asesoramiento -quedarás sorprendido cuanto le encanta a la gente compartir sus estrategias para el éxito. Quizás estas preocupado por tus finanzas; en lugar de revisar una vez más tu presupuesto, haz una lista de tus gastos diarios -es posible que identifiques gastos innecesarios. Quizás ese vacío que sientes a diario se pueda llenar con meditación, una oración al Creador, una visita a la Iglesia u ofreciéndote de voluntario para una causa noble.

Contrario al cangrejito de playa, todos tenemos la capacidad de cambiar nuestra rutina y cada día nos ofrece nuevas oportunidades para hacerlo. Aprovecha cada amanecer y si te encuentras en la cueva del cangrejo, cuando se te llene de agua, detente a pensar qué puedes hacer diferente antes de volver a comenzar.

Recuerda, una de las grandes bendiciones del Universo es que detrás de cada anochecer, llega un nuevo amanecer.

Tras Bastidores

Los álbumes de fotografías de mi niñez revelan mi temprana inclinación a ser el centro de atención. En Kinder Garden, a la tierna edad de cinco años, protagonicé a la cucarachita Martina en una dramatización del cuento infantil popular cubano, La Cucarachita Martina y el Ratoncito Pérez. (Cuento al que se le han hecho numerosas adaptaciones teatrales y del cual existen versiones en el folclore puertorriqueño y en el panameño, entre otros.)

A los seis años interpreté una gotita de rocío en el programa especial de teatro que presentara la escuelita donde yo estudiaba para celebrar la llegada de la primavera. Ese mismo año, representé a México en la Parada de Las Naciones Unidas de la escuela, vestida de la imagen importada de la mujer mexicana a través de los libros y las películas de aquella época: un colorido vestido con los hombros descubiertos, peluca de pelo azabache arreglado en dos largas trenzas y para completar el atuendo, la bandera de México hecha de cartulina verde, blanca y roja.

Mi carrera en las tablas se extendió hasta mi entrada en la Universidad y se limita a producciones escolares que no alcanzaron fama pero que llenaron muchas horas que se han convertido en momentos atesorados y que tuvieron gran influencia en la definición de mi carácter.

Si bien hoy día he trascendido mi necesidad de ser el centro de atención (OK, OK, quizás no completamente, pero hay que admitir que he madurado), mi fascinación con la actividad que se genera tras bastidores y que dan forma y son parte esencial, antes, durante y después de una producción teatral, no ha disminuido.

Es una labor compleja, constante y contagiosa que me hace pensar en el proverbial zumbido que genera un panal de abejas, y que requiere la dedicación, cooperación y a veces sacrificio, de todo un equipo de gente cuyo interés común es la excelencia del producto final.

El teatro es una gran ilustración de lo que es la vida. En este gran escenario todos somos actores y a todos nos toca, por lo menos una vez durante nuestra existencia y a veces simultáneamente, un papel estelar, un papel secundario, ser extras o trabajar tras bastidores.

Piensa en el trabajo que desempeñas en estos momentos. ¿Acaso no dependes del trabajo de otros para desempeñar bien tu labor y otros a su vez dependen del tuyo para completar la suya?

Somos muchos los que hemos aborrecido un trabajo por no sentirnos útiles y/o apreciados. Esa actitud permea todo lo que hacemos y sin querer nos sigue fuera de la oficina, la escuela, el restaurante o donde sea el lugar en que desempeñamos nuestro empleo.

A veces sentimos que todos están en contra nuestra y libramos una batalla solitaria contra el mundo. Y por estar ensimismados en nuestra lucha pasamos por alto el esfuerzo de otros, dando en cierta manera, lo mismo que recibimos y que tanto nos tiene agobiados: indiferencia.

La mejor forma de cambiar la actitud que percibes que tienen otros hacia a ti es cambiando tu propia actitud hacia la vida. Piensa en toda la actividad nocturna que tomó parte en el mundo para que pudieras disfrutar de otro amanecer.

Los tejidos y órganos de tu cuerpo, aunque quizás se relajaron, no dejaron de funcionar porque tú estuvieras dormido. El planeta no dejó de girar en su eje y en otra parte del mundo un empleado de una fábrica anónima trabajó durante toda tu noche en la manufacturación de las piezas que componen el radio despertador que te arrebata de tu sueño al amanecer.

Quizás notes que las carreteras están más limpias esta mañana a pesar de no haber caído una gota de lluvia en semanas, y que el carril de la autopista que llevaba tanto tiempo cerrado por reparaciones, hoy por fin está abierto, –gracias a que un grupo de personas en cuya existencia no reparas, hicieron anoche su trabajo.

Quizás camino al trabajo te detuviste en el banco y te encontraste con una cajera ojerosa y a tu parecer, malhumorada. Lo que no sabes es que detrás de esa cara puede haber una madre trasnochada por tener un hijo enfermo y que lo que tiene dibujado en la cara es preocupación y no sueño. Si le dices "buenos días" con tu mejor sonrisa, quizás no te conteste. Pero quizás le devuelvas la esperanza.

Es en ese momento en que te conviertes en la estrella de la obra de teatro. En ese momento en que le das a otro ser humano el beneficio de la duda y le regalas un poco de tu luz. En ese momento en que comprendes, aun quizás sin entenderlo, que eres parte de un elenco mayor, que todo lo que haces, lo que dices, lo que piensas, aun tu trabajo por insignificante que te parezca, tienen un impacto ilimitado sobre el Universo y sobre cada ser humano con el que compartes esta gran producción que se llama Vida.

Recuerda, en el gran teatro de la vida, el escenario y tras bastidores son uno y el mismo lugar y el reflector se posa sobre ti en la misma medida en que tú diriges tu luz hacia otros.

No todos Somos Iguales

Con el fin de año a la vuelta de la esquina y las promesas imprecisas de un nuevo año, la última semana del año me encontró en un estado reflexivo. No sé por qué siempre espero tanto del nuevo año, especialmente de mi misma.

Mi lista de resoluciones o propósitos (como le llaman aquí en México), parece una lista de tácticas de ataques contra mi carácter. Lee algo así como *no dejar las cosas para última hora...* *¡acción, acción y menos palabras!... mantener la mente abierta a las posibilidades del Universo..., no tratar de controlar nada, ni nadie... pensar antes de hablar... ¡escuchar!...*

Por lo menos, me consuelo al revisar la lista, *he superado la lista de otros años que decía: adelgazar diez libras, hacer setecientos "sit-ups" todos los días, levantar pesas tres días a la semana, dejar de comer pan, arroz, pastas...*

Al parecer, he aprendido a aceptar quien y como soy, pero también he comprendido que siempre queda espacio para crecer en espíritu y contribuir para mejorar el mundo en que vivimos —un pasito a la vez.

Es por eso que me chocó tanto mi aquiescencia cuando una amiga hizo el comentario de que todos los hombres son iguales. Sin entrar en detalles, les puedo asegurar que mi esposo es perfectamente imperfecto (¡le pone *ketchup* a todo!) y que a pesar de que tiene comportamientos muy similares a otros hombres (no suelta el control remoto, por ejemplo), mi esposo es un hombre único en su clase.

Volviendo a la plática con mi amiga, muchos tenemos el hábito de amontonar a un grupo de gente bajo una misma categoría por el solo hecho de que tienen algo en común, llámese nacionalidad, color de piel, género, práctica religiosa, profesión, vocación o llamado en la vida. La mayoría de las veces, cuando usamos la frase "todos son iguales" es una excusa para explicar una manera de pensar o de actuar que no entendemos o no aprobamos, limitando nuestra propia experiencia, porque sin quererlo estamos cerrando la puerta al enriquecimiento infinito que puede traer otra persona a nuestras vidas.

Si yo me hubiera dejado llevar por el hecho de que mi esposo es un cowboy de Texas, yo que casi juré que ni muerta saldría con uno, no hubiera conocido al gran amor de mi vida. Y si él se hubiera dejado llevar por los prejuicios que alguna gente tiene de los latinos, no me hubiera invitado a compartir su vida y no viviríamos en México rodeados de tanta gente bella en corazón y espíritu.

Si bien es cierto que todos estamos orgullosos de nuestras raíces y de quienes somos, a nadie le gusta que lo categoricen como si fuera un producto de supermercado. Yo creo en la igualdad, en el sentido de que todos tenemos el mismo derecho a ser tratados con respeto y compasión, pero no creo que todos somos iguales. Cada persona es un ser único, un regalo del Universo.

De manera que este nuevo año te invito a que hagas un esfuerzo por reconocer la unicidad de cada ser que te encuentres en tu camino. El prejuicio no se erradica con prejuicio, así como la guerra no es la solución hacia la paz.

Es posible cambiar el mundo, un pasito a la vez, cambiando la forma en que tú lo ves.

¡Feliz Año Nuevo!

Esta columna va dedicada a todas esas amistades que han enriquecido mi vida con las suyas. ¡Gracias!

Un Futuro Emocionante

"Todas y cada una de las experiencias que vivo son para mi bienestar. No sé qué me depara el futuro, pero me emociona." Estas son notas que tomé en una conferencia a la que asistí hace unos años atrás. El nombre de la conferencia era "I Can" –Yo Puedo.

Esa conferencia tuvo un impacto maravilloso en mi vida, pues entre otras cosas, entendí que aun aquello que percibimos como una experiencia negativa tiene una razón poderosa de ser.

En estos días, buscando solaz para mi alma me topé con las notas que tomé durante la conferencia y me tuve que reír. Les explico porque.

Algunos habrán notado que la semana pasada no recibieron la columna. De hecho, unos cuantos me escribieron preguntando donde estaba yo y que había pasado con la columna. (¡Gracias!)

La verdad es que la semana pasada no escribí nada. No por falta de ganas o de intentos, sino porque me perdí en el proceso de aceptar la inminente partida de mi mejor amiga en la Isla y el significado que este hecho tiene para mi.

A mi desolación ante un futuro sin la compañía de quien ha compartido conmigo las altas y bajas de los tres años mas recientes de mi vida, se añadió su desconcierto ante el futuro y la impotencia de ambas de poder decir con convicción que dadas las circunstancias, lo mejor para ella era regresar a su pueblo.

Entre risas y lágrimas nos despedimos y mientras ella se prepara para recapitular y trazar nuevas metas, yo me enfrento a la realidad de no tener una amiga con quien compartir mis locas ansiedades, mis devaneos espirituales y esos ratitos irrelevantes que tanto impacto tienen sobre el alma. Por primera vez en mi vida me encuentro en un lugar sin una amiga/confidente –yo, que peco de ser gregaria.

Pero aun en el fondo de mi tristeza, sentí un burbujeo de emoción que hasta cierto punto me desconcertaba y cuyo significado logré entender cuando me topé con las notas que tomé en aquella conferencia: *"No sé qué me depara el futuro, pero me emociona,"* prueba de que a pesar del trabajo que a veces me provoca, he aprendido a practicar lo que tanto predico. (Por lo menos en este caso de ahí viene que me tuviera que reír cuando encontré las notas.)

No les digo que no extraño la compañía de mi querida amiga, pero la realidad es que lejos de perderla, he ganado todos esos momentos que compartimos juntas. Mientras tanto siento emoción ante la posibilidad de nuevas amistades, tanto para mí como para ella. Relaciones que toquen otras vidas tan profundamente como nuestra amistad tocó las nuestras. Como también me emociona la posibilidad de establecer una relación íntima con el vacío que ha dejado su partida.

Tú también puedes superar cualquier emoción o sentimiento por negativo que parezca. No estoy sugiriendo que no reconozcas tus emociones, que no llores cuando tienes ganas o que no sufras cuando el dolor te quema. Estoy sugiriendo que aun cuando sientas que te hundes en la desolación, repitas, si es posible en voz alta: *No sé qué me depara el futuro, pero me emociona.*

Ábrele de lleno la puerta al futuro y cruza por el umbral de lo desconocido con la confianza de que vas a superarlo.

Acepta el reto. ¡Atrévete a dejar que el futuro te emocione! Tú puedes.

Camino a Xcalak

Este año mi esposo y yo celebramos el día de San Valentín en Xcalak. Xcalak es un pueblito costero que queda bien al sur de la Península del Yucatán, frontera con Belice; un pueblito que flota en la paz maravillosa del Mar Caribe. La paz es tal que ni siquiera las olas se atreven a perturbarla, prefiriendo romperse sobre el arrecife mesoamericano y dejar que sus aguas de desplacen sigilosamente hasta la costa del pueblo.

Para llegar a Xcalak, desde Cozumel, tomamos un transbordador hasta el puerto de Calica, directamente al sur de Playa del Carmen, y de ahí manejamos el resto del viaje. El camino a Xcalak es largo y monótono, una carretera sin fin que como un cuchillo de asfalto rebana jungla y pantanos. Cuando uno va en coche a 80 kilómetros por hora (alrededor de 50 MPH) es imposible mirar hacia el lado, pues el paisaje pasa tan rápido que los ojos duelen y el cerebro se marea. De vez en cuando una mariposa o un pájaro errante rompen la monotonía al estrellarse contra el parabrisas.

Cosa que me hizo pensar en las muchas veces en que me he sentido así en la vida: la vista fija en un destino desconocido (quizás una meta tercamente establecida) mientras la vida se me pasa por el lado con premura, hasta que un golpe o un suceso me jamaquean del letargo.

Vivimos en una sociedad incitada por metas. Siempre hay una montaña más alta que escalar: una posición de más influencia, una empresa con mejor reputación, un título de más autoridad, un coche más lujoso, una casa más amplia en un vecindario más elegante –tal parece que a la escalera hacia la cima nunca se le acaban los peldaños.

Muchos confundimos la meta con la felicidad y en nuestro afán por alcanzarla, nos perdemos la belleza del camino. Cuando nos venimos a dar cuenta, se nos pasó la niñez de nuestros hijos o de nuestros nietos, el último acto antes de que caiga el telón en la vida de nuestros padres, y la oportunidad de crecer espiritual y emocionalmente junto a nuestra pareja.

La felicidad no es algo etéreo que esta "allá arriba" o "allá afuera", algo inalcanzable que se mueve de lugar según nos acercamos a ella. La felicidad es un estado de apreciación por lo que tienes, por lo que has conseguido y por lo que la vida te ha regalado y ocurre cuando tomas tiempo para detener o demorar tu paso para admirar el camino y agradecer tus bendiciones. Cuando sacas tiempo para tus seres queridos y reconoces que en la mayoría de los casos, son ellos los que están sujetando los peldaños de tu escalera hacia la cima. No esperes a mirar hacia abajo un día y darte cuenta de que se han ido.

Haz un alto, mira a tu alrededor y descubrirás que aun en el camino mas desolado, crecen flores. Y si algo hermoso tiene una flor es poder compartir su belleza con otros o por lo menos tener la oportunidad de agradecer la misma al Universo.

En el camino a Xcalak vi una señal de tránsito que me llamó mucho la atención. Decía "DISMINUYE LA VELOCIDAD, TU FAMILIA TE ESPERA". Yo le añadiría al calce: *deja que la felicidad te alcance.*

Por Amor, ¿Que Harías?

Todos, en algún momento de nuestras vidas, hemos sentido el deseo de tomar represalias contra algo o alguien. Muchas veces nuestros deseos son expresados con palabras hirientes o gestos intimidantes; otras, el deseo de erradicar el dolor que nos han causado toma vida propia y se sale de nuestro control –el resultado quizás de la falta de una visión clara de quienes somos.

Yo tendría dieciocho o diecinueve años. Mi familia estaba pasando el fin de semana en las Cabañas del Balneario de Boquerón, en Puerto Rico. Conmigo había venido una amiga de la Universidad. Éramos muchos y el paso de las horas se podía medir por el volumen de las voces, las carcajadas, los tragos y la comida –euforia *in crescendo*.

Con nosotros estaba Rubi, la perrita Chihuahua que mami había adoptado a raíz de su divorcio de papi. Rubi era frágil a la vista, pero fuerte en espíritu. En el vecindario le llamaban pata de *clutch,* porque había perdido una patita cuando una patrulla policíaca casi la arrolla en la carretera. Como todo perro, Rubi acostumbraba a seguirnos a donde quiera que fuéramos.

En medio del caos que caracterizaba nuestras reuniones familiares, Rubi salió de la cabaña siguiendo a mi hermano una de las noches de ese fin de semana. Cuando mi hermano regresó, Rubi no estaba con él. Bordeando en la histeria, todos salimos a buscarla, gritando su nombre en la oscuridad ciega de la noche, temiendo lo peor cada vez que veíamos un carro acercarse, escuchando sin ver el mar, que absorto en el vaivén de sus olas ignoraba nuestro drama.

Desesperada, le grité a mi hermano: *¡Si le pasa algo a esa perrita, te juro que te mato!* Una declaración vociferada con la convicción del estupor etílico en que me encontraba. La pasión de mi sangre Latina en todo su esplendor.

Diez minutos más tarde, apareció Rubi, y todo volvió a la "normalidad". Pero nunca olvidaré las palabras de mi amiga, *Myrna, piensa en lo que has dicho. ¿Matar a tu hermano por un perrito?*, enterrando con sus ojos compasivos el fierro de la vergüenza en los míos.

Este fin de semana vi la película *Valiente (The Brave One)*, con Jodie Foster. En la película, el personaje principal, víctima de un ataque brutal que la deja en coma por tres semanas y en el que su prometido pierde la vida, recurre a la venganza en un esfuerzo inútil por mitigar su dolor.

Es una película que nos enfrenta con nuestros valores y creencias y sacude emociones e instintos primitivos que no han podido ser coartados por el orden civilizado en que vivimos. Una película que nos enfrenta con la realidad de que la línea que separa el amor de la violencia es tan etérea como el instante crepuscular que separa la noche del día, y que todos somos capaces de cruzarla. Sobretodo cuando dejamos que el deseo de corregir un agravio recibido sea la fuerza que dirige nuestros pasos.

El tener una visión clara de quienes somos o quienes queremos ser, nos puede ayudar a mantener el balance. Todos somos espíritus habitando cuerpos humanos. Todos estamos conectados el uno al otro y con el Universo. Una amiga me dijo una vez, citando algo que había leído, que cuando uno arranca una flor, una estrella se apaga.

Cuando insultas, intimidas, amenazas o piensas en la venganza, estas arrancando una flor y la estrella que se apaga es la tuya. Porque eso que dices o haces es en realidad un reflejo de quien eres. La imagen de vergüenza que vi en los ojos de mi amiga la noche del incidente en Boquerón, fue mi propia imagen.

Como esa noche, ha habido otros incidentes en mi vida que me han ayudado a determinar quien soy. Cada vivencia, cada experiencia, por negativa que parezca, nos ayuda a definirnos. Y esa definición cambia y evoluciona constantemente. Lo importante es que el proceso evolutivo concuerde con la imagen que tienes de ti mismo.

Creo que todos somos capaces de vivir por amor, y creo también que todos somos capaces de matar por salvar a un ser querido. Pero, llegado el caso de que la muerte causada por otro ser humano te arrebate a ese ser o seres que tanto has amado, ¿serás capaz de reconectar con el amor que le tuviste y encontrar la fuerza para perdonar a su agresor? La pregunta esencial debe ser, no si vivirías o matarías por amor, sino, por amor, ¿serías capaz de perdonar?

Esa es la pregunta que nos debemos hacer todos los días, cuando estamos a punto de contestar un insulto con otro, una mala actitud con una mala mirada, un acto o ademán malinterpretado, con un gesto de mal gusto. Una pregunta que puede evitar el que una diferencia de opinión escale a un conflicto de carácter mundial. Una pregunta cuya contestación puede salvar vidas y preservar la paz.

Dime, ¿serías capaz de perdonar a aquel que casi te desbarata el carro cuando se pasó el Alto en la intersección, a la maestra que le dijo a tu niño que era un bueno para nada, al amigo que te robó, al hombre que abusó de ti, al colega que te maltrató de palabra, al borracho que causó un accidente, al estudiante que empuñó las armas contra sus compañeros, al terrorista que arremetió contra tu sentido de orden y seguridad… a la hermana que amenazó con matarte por perder un perrito?

Con cada una de tus acciones defines quien eres. Lo que dices y lo que haces es una expresión de tu Ser —un proyecto de amor en constante evolución.

Por amor, ¿serías capaz de perdonar?

Una Muñeca Diferente

El otro día una amiga comentó, en tono de broma, que había conseguido unas muñequitas de vudú en una venta de garaje a la que había ido recientemente. (Sí, el Universo me ha bendecido con una peculiar gama de amistades.) Siguiéndole la corriente, le pregunté si ya le había puesto nombres, a lo que me contestó muy seria que sí, sin entrar en detalles. Pero añadió, aun más seria, "no sabes lo terapéutico que es. Cada vez que entierro un alfilercito descargo mi frustración. Te sorprendería saber lo bien que trabaja..." No sé si se refería a lo bien que trabaja en cuanto a descargar su frustración, o lo bien que trabaja sobre otras personas.

En el cuerpecito de trapo carmesí de la muñeca de vudú había frases y palabras como amor, prosperidad y estabilidad financiera compartiendo el mismo espacio con dolor de espalda, ceguera y depresión. Se me ocurrió que quien decidió comercializar el vudú, nos regaló la oportunidad de desearle el bien a aquellos a quienes percibimos como nuestros enemigos. Uso el término "percibimos" porque en realidad nadie es nuestro enemigo hasta que nosotros decidimos que lo es, usando como marco de referencia nuestros propios estándares.

Al tildar a una persona como enemigo, despertamos en nosotros mismos sentimientos y pensamientos negativos que nos afectan y que se pueden manifestar en enfermedades tales como cardialgia, presión alta e insomnio, entre otras. En otras palabras, clavando los alfileres en la espalda de la muñequita, el que va acabar con dolor de espalda eres tú. ¿Por qué crees que dicen que no debes acostarte enojado? ¡Porque no vas dormir!

Uno da lo que recibe. Evita caer en el círculo vicioso de agredir a quien percibes que te agrede. Si bien es cierto que tú no tienes control sobre la actitud negativa de otras personas, también es cierto que cuentas con el poder de cambiar esa energía por energía positiva.

Ponlo en práctica ahora mismo. Deséale tiempo para completar todo lo que tiene que hacer, a la persona que iba tan ajorada que no te aguantó el ascensor esta mañana; pídele al Universo que guíe los pasos del conductor que no te cedió el paso en la intersección; deséale éxito en los negocios al cliente malhumorado, y armonía en sus relaciones al vecino con quien no te llevas. Y la próxima vez que percibas un enemigo en acción, saca tu muñequita de vudú y deséale dulces sueños. Quedarás sorprendido con lo bien que tú duermes esa noche.

El Don de Servir

¿No te ha pasado alguna vez que de momento hablas de un tema con alguien y el mismo tema comienza a surgir por donde quiera?

El otro día recibí un correo electrónico de un amigo querido donde me comunicaba su insatisfacción consigo mismo por su incapacidad de servir desinteresadamente. "No saco el tiempo para hacer servicio comunitario, aunque sé que debería," escribió mi amigo, preso de su juez interno.

Dos días más tarde, una amiga expresó que sentía la necesidad de compartir de alguna forma todo lo que había estudiado y aprendido sobre la espiritualidad. "Pero", añadió, "la verdad es que carezco de dirección. Y no siento ninguna inclinación por ser maestra. Tanto conocimiento...y ¿qué hago?" terminó murmurando, más para sí misma que para sus interlocutoras.

Esa misma semana leí un artículo sobre la congregación de una Iglesia, que siguiendo las pautas del programa de la televisión estadounidense, *Oprah's Big Give,* repartió dinero a sus feligreses con el fin de que estos lo utilizaran para una buena causa.

Como si fuera poco, en esos días, alquilé una película en la que un señor le dice a un joven adolescente que el propósito primordial de nuestra existencia es dar servicio.

¿El tema de la semana? Servir desinteresadamente.

Uno tiende a pensar que para servir a otros hay que tener tiempo, dinero, conocimiento o ganas. O que servir desinteresadamente conlleva hacer algo que se pueda cuantificar, como trabajar de voluntario en, o donar un porcentaje de dinero, a organizaciones e instituciones filantrópicas.

La verdad es que dar servicio desinteresado no tiene que ser un evento que conlleve mucho esfuerzo, sino una práctica cotidiana que refleje nuestro ser. En otras palabras, no es cuestión de hacer sino de ser.

Quizás no lo hayas pensado antes, pero la forma en que conduces tu vida y tratas a los demás es parte integral de dar servicio a la comunidad.

Cuando te agachas a recoger los documentos que se le cayeron a la persona que está parada frente a ti en la fila del banco; cuando pones a un lado lo que estas haciendo para atender la desolación de una amiga; cuando le llevas comida a tu vecina recién-operada; cuando le sonríes a un extraño o reconoces con un gesto o una palabra el buen servicio que has recibido de parte de otra persona, estas dando servicio desinteresado.

Cuando reconoces la igualdad, a la vez que respetas las diferencias fundamentales que nos distinguen a unos de los otros, sirves a la humanidad.

Si eres una de esas personas que tiene el tiempo, la dedicación y los recursos para dar servicio comunitario a través de programas voluntarios enfocados a una causa o causas en específico, te felicito y te aplaudo. Pero si no cuentas con todo eso y sientes que estas ignorando el llamado a servir a los demás, te invito a que pienses y reflexiones sobre la forma en que vives, tu trato con la gente, tu medio ambiente y contigo mismo.

¿Practicas a diario lo que has aprendido en tu camino espiritual; actúas de acuerdo a tus valores; **vives lo que crees?**

No todos podemos ayudar de la misma manera. Pero todos podemos ser y dar lo mejor de nosotros mismos. Quizás dar servicio no sea un llamado sino un don –un regalo mas del Universo que, a veces, damos por sentado.

No desperdicies ese don. Aprovecha cada oportunidad que se te presente para usarlo. No niegues una palmada en la espalda, un hombro (o los dos) de apoyo, un oído sin prejuicios...

No subestimes el poder de ese don. Cada vez que haces algo por otra persona, por pequeño o insignificante que parezca el gesto, estas sirviendo a la humanidad.

Recuerda que en la medida en que das, recibes. La energía que proyectas, regresa a ti. Da amor, proyecta paz —manifiesta lo mejor de tu Ser.

No tienes que ser maestro; no tienes que salirte de tu rutina. Solo tienes que ser Tú...porque Tú eres un ser excepcional que ilumina al mundo con el solo hecho de Ser.

Me Ayudas Más si no Me Ayudas

De niña, recuerdo haber escuchado a mi mamá decir, en más de una ocasión, *me ayudas más si no me ayudas.* De adulta, mi hermana menor me repite a menudo, *no saques la pandereta,* cuando trato de darle una solución al problema o situación que me está contando. Y es que yo peco de querer rescatar a otros de sus predicamentos.

Hace poco, salía yo de mi casa en mi bicicleta con el tiempo contado para llegar a mi clase de yoga. Al salir de la casa, me encontré con la vecina de al frente, que tiene un puesto donde vende empanaditas (¡sabrosísimas!) Era hora de abrir su negocio y no tenía gas para operar su estufa.

Las dos compañías de gas que tenemos en la Isla de Cozumel, pasan por las calles vendiendo su producto, anunciando su llegada con el retintín de un cencerro y una melodía. A veces se pueden escuchar hasta tres bloques antes de que lleguen a tu casa. Pero esa mañana lo único que se oía en la vecindad era la jerga de unos pájaros negros que volaban sobre nosotros. Queriendo ayudar a mi vecina, pero conciente de que iba a llegar tarde a donde me dirigía, me despedí de ella.

Mientras pedaleaba hacia mi destino, me debatía entre pasar por la oficina de la compañía de gas, que quedaba en dirección contraria a mi clase de yoga, o llegar a tiempo a la clase. Me preguntaba, con angustia, qué era más importante, la clase de yoga o ayudar a mi vecina a abrir su negocio a tiempo para que pudiera vender, ganar dinero, alimentar a sus niños ... Me preguntaba también, un poco molesta conmigo misma, por qué tengo esa necesidad de rescatar a todo el mundo de sus problemas.

Y es que todo ser humano nace con el deseo de liberar a todos del sufrimiento. Igual que todos tenemos el deseo innato y el mismo potencial de experimentar la felicidad. Yo he descubierto que en la medida en que extiendo mi mano para ayudar a otros, incrementa mi paz interna y por ende mi felicidad.

Pero, ¿cómo ayudas a otros sin descuidarte a ti mismo? ¿Cómo ayudas a otros a ver las cosas desde otra perspectiva sin sermonear o *sacar la pandereta?* ¿Cómo ayudas a otros sin pisotear su dignidad o proyectar tus propios miedos?

Esa mañana, a dos bloques de mi casa y como a ocho minutos de mi clase de yoga, decidí dejar todo en manos del Universo. Un bloque más arriba se escuchó el clan, clan del cencerro de la compañía de gas acercándose al cruce hacia donde yo me dirigía. No tuve ni que desviarme, me le acerqué al chofer y le indiqué a donde ir.

Y es que a veces la sola intención de querer ayudar a otros es suficiente para que la solución a sus problemas comience a materializarse. El solo hecho de sentir compasión genuina en tu corazón tiene la capacidad de poner el engranaje del Universo en movimiento para que la mejor solución posible ocurra en su momento. Y si parte de esa solución requiere tu intervención directa, lo has de saber en el momento propicio.

Trátalo. La próxima vez que una amiga, un hermano, tu pareja o un colega te cuenten su problema, escucha con atención y no te desvivas por resolverle el problema. Es cuestión de saber escuchar, no de tener las respuestas.

A eso se refería mami al impartir su sabiduría doméstica. Ten fe en que existe un Plan Divino. Suelta el control y déjalo en las manos de la fuente divina en la que crees, llámese Dios, Alá, Universo, Espíritu, o una madre que en su gloria cotidiana avanza más sin la ayuda de cuatro chiquitos ansiosos por su atención.

Y cuando seas tú la que tiene la inquietud de compartir un problema con alguien que está ansioso de ayudar, no dudes en decirle con delicadeza, me ayudas más si no me ayudas.

A mis padres, mis tíos, mis abuelos, mis maestros y todos aquellos adultos que hicieron de mi niñez un recuerdo memorable. Gracias por su amor, su apoyo, su paciencia y su disciplina. Sobretodo, gracias por tener fe en mí y enseñarme que con fe todo es posible. Los quiero mucho.

El Momento Perfecto

Mi perfume huele a noche de Carnaval, la canela a navidad y cada tarde los aromas que salen de la cocina de mi vecina me recuerdan los domingos de mi adolescencia en nuestra casa en Puerto Rico.

Uno de mis primos la llamaba la *Casa Club*. Equipada con piscina, barra y cocina bien surtidas, nuestra casa era el centro de reunión familiar y cualquier pretexto era motivo de celebración, especialmente los domingos. Desde tempranito, una de mis tías y mi mamá se metían en la cocina a preparar las comidas y los entremeses del día, familiares y amigos entraban y salían, y la algarabía disonante de tanta gente junta se contraponía a las melodías que salían del estéreo. Es esa algarabía lo que aun extraño y recuerdo con cariño cada domingo.

Todos tenemos esos momentos. Recuerdos que llevamos en la memoria y que se "activan" con una melodía del pasado, un perfume en el viento, una tarde lluviosa, un glorioso atardecer o un domingo de verano. Recuerdos de momentos y gente que atesoramos.

En estos días se celebró aquí en México el Día de los Muertos. Cuenta la tradición, que la misma data de la época de las antiguas civilizaciones prehispánicas que creían, al igual que la mayoría de las religiones y movimientos espirituales modernos, que cuando el individuo muere, su alma continúa viviendo. El Día de Los Muertos, las ánimas regresan a la tierra para visitar a sus parientes y amigos.

La familia se prepara para su visita cocinando los platillos favorecidos por los muertos durante su vida y las colocan alrededor de un altar con velas, flores, incienso y fotos de los difuntos. En algunas regiones se hace la vigilia en el cementerio. Abundan juguetes en las tumbas de los niños y tequila en la de los adultos. No faltan las comidas tradicionales como tamales, mole, pozole, atole, horchata y aguas de frutas frescas, y si el difunto favorecía su música, los Mariachis no se hacen esperar. También abundan las calaveras de dulce y las *calacas,* cráneos de dulce que a veces llevan el nombre del difunto en la frente.

Predomina un ambiente sobrio, reverente, y aun así pintoresco y alegre, que no provoca tristeza. Es una celebración magnánima que invita a la reflexión, y no se me escapa la ironía al observar como tanta gente hace una pausa para dedicarle tiempo a sus muertos, conmemorar y honrar su recuerdo durante tantos días, cuando hay tantos otros que no sacan tiempo para recordar o visitar a esas almas que aún están con nosotros.

Mientras escribo esta columna recibo un correo electrónico de un amigo muy querido donde me comunica la muerte súbita de su padre. *No me llames hoy, por favor,* termina la misiva. Y me veo obligada a respetar su deseo aunque siento la urgencia de compartir sus sentimientos.

Así son la vida y la muerte, ambas impredecibles. Uno traza un curso y el camino lo lleva a otro lado. Lo que tienes hoy lo puedes perder mañana, o bien puede cambiar tanto que sea difícil reconocerlo. ¿Y porque esperar a que se vaya o que cambie para conmemorarlo?

¿Cuándo fue la última vez que hiciste tiempo para compartir con un amigo —ese que te ayudó a recoger los pedazos de tu corazón cuando pensabas que nunca más en la vida volverías a sentirlo completo, o aquella que compartió contigo el relato delirante de tu primer beso? ¿Cuándo fue la última vez que llamaste a uno de los adultos de tu niñez —el que te enseñó a cocer, a cocinar o a correr bicicleta, la que te enseñó a sumar, a restar y a escribir tu nombre, la que te infundió fe en ti mismo y en los demás o te enseñó a vivir la vida como la gran aventura que es? ¿Te has comunicado últimamente con tus hermanos o tus primos para reírse una vez más de la vez que se cayeron juntos bajando por la escalera de una discoteca, las travesuras que compartieron en casa de los abuelos o las fotos de aquel primer viaje que hicieron juntos?

Cada persona que ha pasado por tu vida, deja una huella en tu alma, así como tu paso deja impresiones en la suya. Y un buen día el Universo nos sacude la memoria con el aroma de una especia, una noticia de un lugar lejano, una melodía perdida en el vecindario o una tarde lluviosa, y nos transporta a otro momento.

Tengo una tía que padece de Alzheimer's, esa enfermedad que reclama la memoria. Mi tío, su compañero de casi toda una vida, quien le ha dedicado la suya, cuidándola día y noche, con su modesta sabiduría me dio una gran lección: el hecho de que títi no pueda recordarnos, no quiere decir que no nos acordemos de ella.

Al final de cuentas cada vida es una serie de recuerdos. Es en el recuerdo donde nos inmortalizamos.

Celebra el día de hoy, hazle honor a tus muertos y alégrale el día a tus vivos. Este es el momento perfecto para dejarle saber a un ser querido que estas pensando en el o en ella.

¿Quién Elegirías Ser?

Ayer fui con mi peluquera a que me cortara el cabello. Últimamente el corte de mi cabello es una jornada que toma dos sesiones con dos semanas entre medio. Y es que mi cabello no solo es abundante, sino salvajemente rizo.

Cuando entré al salón, lo primero que dijo la señora que estaban atendiendo antes que yo, fue, *no me digas que ese rizo es natural,* dirigiéndose a mí, acentuando cada palabra con ojos de asombro. A lo que añadió, *pero te encanta.* Con duda en su aseveración.

Mi mamá cuenta que yo nací con los ojos abiertos, lo que no me quedó claro de ese evento es si nací con tanto cabello y si desde la edad cero ya se notaba que era tan rizo.

Mi cabello es algo que me define desde que yo me acuerdo, pues siempre me distinguió, para bien o para mal, de los demás. En mi familia habemos unos cuantos con pelo rizo, pero ninguno igual que el mío. Mis amigas de la niñez, casi todas las de la vida, mis hermanos, la mayoría de mis primos, mis tíos, todos tienen el cabello lacio.

Crecer en un ambiente donde una característica física define abiertamente tu singularidad no es fácil, especialmente cuando la mayoría de nosotros pasamos gran parte de nuestras vidas tratando de encajar en un molde, pertenecer a un grupo y conformarnos a las reglas, a la misma vez que tratamos de retener nuestra individualidad.

Cuando la señora me preguntó si me encantaba mi cabello me tuve que reír porque hoy en día me fascina, pero cuando era pequeña hubiera dado lo que no tenía por ser otra persona, preferiblemente con cabello lacio.

¿Cuántas veces has deseado ser otra persona? La modelo bien formada con abdominales de concreto, el multimillonario que tiene propiedades en cada continente o la deportista que superó los estereotipos; el vecino de la casa grande con la fuente espectacular en el centro del patio o el compañero de trabajo que cada año maneja un carro nuevo y que no tiene deudas...

¿Pero que te hace pensar que todo eso que percibes es exactamente lo que ves? Ojos vemos, corazones no sabemos, nos advierte el refrán. Sin embargo, hay un corazón que sí puedes conocer a fondo. Ese corazón es el tuyo y para lograrlo debes aceptar tu realidad inmediata tal y como es.

Cuando uno se compara con otros, ya sea queriendo ser como ellos, o queriendo tener lo que ellos tienen, llámese salud, belleza, dinero o amor, creamos caos en nuestras vidas porque nos alejamos de la posibilidad de reconocer las características de nuestro ser que nos identifican como los seres únicos que somos.

No importa cuan pobres o ricos, gordos o flacos, bellos o feos seamos, todos tenemos buenos y malos momentos. Todos en algún momento de nuestras vidas nos enfrentamos a un fracaso, nos vemos paralizados por el miedo, desolados por la muerte de un ser querido, sorprendidos por la desilusión, acosados por las deudas o la falta de tiempo, o singularizados por nuestros dotes físicos y nuestras capacidades mentales.

Al aceptar quienes y como somos, nos alejamos de la critica, el prejuicio y la envidia y nos podemos dedicar de lleno a vivir el momento. Cuando te enfocas en tu propia vida y aceptas que la vida es como es, que tienes lo que debes tener, y que estas en el lugar perfecto, viviendo la experiencia que te toca vivir en este momento, estableces un punto de partida.

Si quieres ejercer un cambio en tu vida, no mires hacia el lado, mira hacia adentro. Extiende tus brazos y abraza cada situación y cada experiencia que la vida ya te ha dado, para poder recibir todo lo maravilloso que aun te tiene deparado.

De manera que hoy te pregunto, si pudieras despertar mañana en el cuerpo de otra persona, ¿quien elegirías ser?

Yo no tengo que pensarlo –mañana quiero despertar en el mismo cuerpo que hoy mi espíritu habita, con todo y rizos.

Celebra tu individualidad y las circunstancias de tu vida.

Aceptando quien eres aprendes a dar lo mejor de ti mismo y cuando das lo mejor de ti mismo, atraes lo mejor hacia ti.

Ese Gusto por la Vida

Una conversación con mi mamá no está completa si no se toca el tema de la comida.

"Anoche hice unos espaguetis "Puerto Rican style" que me quedaron como para chuparse los deditos. Los acompañé con una ensalada de lechuga del país que conseguí en Pueblo y unos tomates exquisitos que me trajo la vecina, y preparé el aderezo de la receta de Oprah, pero con mucho ajo, porque tu sabes que a mi me encanta el ajo... Y de postre hice el pay de limón que a Oscar le encanta, que quedó... bueno, para que te cuento..."

Oír a mami hablar de comida es como escuchar un concierto de tu música favorita. Lo único que en lugar de que el ritmo te entre por los pies y se apodere de tu cuerpo, se te abre el apetito y se apodera de tu espíritu, invitándote a experimentar con la creatividad culinaria —ya sea que te den ganas de cocinar a ti, si eso es lo tuyo, o irte a un buen restaurante a probar algún platillo nuevo.

Mami describe los ingredientes de un platillo como si fuera la moderadora de un desfile de modas: *las chuletas, bañadas en encajes de mango y tamarindo, vienen adornadas con un exquisito volante de papas majadas con destellos de finas hebras de albahaca y queso...*y cuando mami cocina, mmmm, el aroma es capaz de despertar a un paciente en coma.

Pero lo que es verdaderamente maravilloso es ver a mami comer.

Uno de los recuerdos mas preciados de mi juventud envuelve la imagen de mi madre comiendo pescado fresco frito.

Era una tarde lluviosa en la Playa de Humacao en Puerto Rico. Mi familia se estaba quedando en una de las cabañas del balneario.

Atrapados por la lluvia y sin mucho que hacer, mami se dispuso a freír un cúmulo de pescado fresco que habíamos comprado esa mañana. El aire en la pequeña cabaña estaba impregnado de aceite y pescado, calor y aburrimiento, con mis tres hermanos, mi prima y yo dando vueltas como moscas en el vertedero municipal. Pero a mami, que nada ni nadie la posterga, eso le tenía sin cuidado. Cuando acabó de freír, acomodó la bandeja con aquella montaña de pescado en la mesa de madera que habitaba casi toda la cabaña y se dispuso a comer.

Piel dorada y crujiente, ojos vacíos, bocas abiertas, paralizadas en el último suspiro, estoy segura que aquellos pescaditos, de haber tenido un alma, se hubieran disfrutado desde su otra vida, tanto como yo, el ver a mami devorarlos.

Sentada frente a aquel platón, como si nada más existiera en el mundo, mami agarraba cada pescado por la cola, lo ponía delicadamente en su plato y poco a poco, minuciosamente, pellizcaba con sus dedos un pedazo de carne blanca, jugosa, sedosa, desmenuzando entre ellos cada pedacito para asegurase de que no tenía espinas, antes de llevárselo a la boca y con los ojos cerrados, pasearlo por el paladar para finalmente tragárselo y dejar salir un apasionado *mmmmm, que rico-o-o* —éxtasis y comunión en un solo gesto.

Por eso a mi me encanta el pescado fresco frito. De hecho, cuando lo como, esa imagen se apodera de mi y me trasporto a ese momento, disfrutando de cada bocado, sintiendo como la carne se deshace en mi boca, alimentando y nutriendo la esencia de mi espíritu.

En días pasados, después de una conversación con mami en la que la larga distancia que nos separa desapareció al son de la descripción de su última incursión culinaria, me puse a pensar que ese mismo gusto que tiene mami por la comida es el gusto que infundió en mí por la vida.

Cada momento de mi vida, por más desabrido que haya sido, ha sido un complemento para un extraordinario platillo. Cada instante es como un bocado de pescado frito fresco. Una que otra vez, me he quemado y otras me he intoxicado, pero la mayoría de las veces, el bocado ha sido un banquete exquisito.

Y tú, ¿estas disfrutando de tu vida bocado a bocado?

El Universo nos ofrece toda clase de ricos manjares: amanecer junto a nuestros seres queridos, poder decir te amo y escucharlo a menudo, poder admirar los colores del atardecer y las nubes holgazaneando en el horizonte, escuchar los truenos, los pájaros, los grillos y el coquí, sentir el viento despeinarnos, el mar abrazarnos en su espuma, una madre que tiene el don de abrirle el apetito por la vida hasta a un muerto y satisfacer el paladar mas exigente con solo palabras... mmm, ¡que rico-o-o!

Alimenta tu felicidad, nutre tu espíritu en la comunión con el momento. Disfruta de cada detalle de tu existencia: pellízcalo, desmenúzalo, saboréalo y exclama con los ojos cerrados, ¡mmmmmmmm, que rico!

Y si en algún momento no te sientes satisfecho, es tu espíritu —recomendando que revises tu dieta.

¡Buen provecho!

Sobre la autora

Myrna Raquel Cleghorn es natural de Bayamón, Puerto Rico. Tras completar su Bachillerato en Periodismo en la Escuela de Comunicación Pública de la Universidad de Puerto Rico, continuó sus estudios en Incarnate Word University en San Antonio, Texas, de donde se graduó con una Maestría en Estudios Multidisciplinarios.

Recién graduada, aceptó una oferta de trabajo con Mexicana de Aviación, experiencia que le dio la oportunidad de expandir sus alas y que eventualmente la llevó a Cozumel, México, donde conoció al amor de su vida, Larry.

Actualmente, ambos residen en Cozumel, donde Myrna se dedica a escribir una columna de temas cotidianos que enlazan su pasión por el estudio de las enseñanzas espirituales y el amor a la naturaleza y que envía por correo electrónico a una base de lectores en diversas partes del planeta.

Para comentarios o preguntas a Myrna:

Dirección postal:
P O Box 157
Cozumel, Q. Roo
México 77600

Correo electrónico:
myrna444@gmail.com